Leben läuft weiter

- bist Du bereit für Mehr?

von

Werner Leippold

© 2019 Leippold, Werner
Herstellung und Verlag:
BoD – Books on Demand, Norderstedt
ISBN: 9783732289547

Seite

Inhaltsverzeichnis	5
Rückblick: „Die Uhr tickt"	9
Leben läuft weiter	13
Glücksmomenten begegnen	15
Diamanten (A bis Z)	19
Alpha-Liponsäure – Altersflecken ade?	21
Aminos - essentiell wichtig, was sonst?	25
Astaxanthin – Freund und Helfer?	29
Auspacken – ab nach Hawai?	31
Baustoffhof – alles da?	35
Chlordioxid – macht sauer lustig?	37
Diamant E. – rechnet sich das?	39
Dosierung – eine echte Kunst?	43
Ethanol - gnadenlos nüchtern?	45
Fettsäuren – sind es die Kurzen?	47
Freie Radikale – gefährlich ohne Ende?	51
Glaube – sich geborgen fühlen?	55
Glutamin – macht's die Masse?	57
Hormone des Glücks – kostenlos?	61
Immunsystem – ein Schläfer?	63
Jod – Du erinnerst dich?	65
Kaiser Natron – weiß der Affe mehr?	67
K2 – gibt es Wunder?	69

Leucin – abnehmen ganz leicht?	71
Lithium – Hellmacher?	73
Myokine – Scharfmacher?	75
Mineralien & Co. – komplett auf Spur?	77
Omega – 3 oder 6?	79
Oxytocin – der erste Blick?	81
Parathormon – fast unbekannt?	83
Pilates – tut richtig weh?	85
Piriformis – ein kleiner Drecksack?	87
Polysaccharide – Abgashelden ohne Tricks?	91
Quecksilber – vom Heilmittel zum Gift?	95
Red Bull – eine geniale Idee?	97
Salsa – geht's noch feuriger?	99
Stoiker – die echt Coolen?	101
Tiere beobachten – wen denn sonst?	105
Trockenblut – direkt von der Couch?	109
Tyrosin – hallo wach!?	111
Urquell Tiefschlaf – echt alternativlos?	113
Vergebung – bald olympisch?	115
Viagra – für alle und ohne Rezept?	117
Vitamine – Achtung Todesgefahr?	121
Weltkulturerbe – Tango Argentino?	125
Zumba – macht's die Mischung?	127
Zu guter Letzt - Diamonds forever	129
Literaturverzeichnis	131
Weitere Veröffentlichungen des Autors	139

Rückblick: Die Uhr tickt

Ein ehemaliger Fußballehrer, Entertainer versuchte sich auch als Philosoph: „Lebbe **geht** weider." Hä?, meinte manch einer. Nix hä, es ist, wie es ist: Leben geht weiter, unabhängig von Siegen, Niederlagen, Auf- oder Abstiegen, Wahl zur EU-Kommissionschefin oder Beförderung zur Verteidigungsministerin.

Quelle: Lebbe geht weider: Das Leben des Dragoslav Stepanović, 2013 von Peter C. Moschinski und Martin Thein

Was ist, wenn Du aber mehr vom Leben haben möchtest? Nicht nur nehmen möchtest, was gerade so kommt. Aktiv den Lauf der Dinge beeinflussen? Übrigens eine zentrale Frage bei den Nibelungen-Festspielen 2019 in Worms. Dafür sorgen, dass es rund läuft. Richtig rund! Du verstehst, wenn ich sage: **Leben läuft weiter.**

„Heute ist der erste Tag vom Rest deines Lebens. Was fängst du damit an?" Diese Frage wurde mir Anfang dieses Jahrtausends von einem Coach mit auf meinen Weg gegeben. Wenn der geahnt hätte, was er damit auslösen würde. Ich habe jedenfalls einige Jahre gebraucht, um den tieferen Sinn dieser Frage zu erfahren. Auch mein Leben nahm seinen Lauf. Womit wir schon wieder beim Laufen wären. Und wer regelmäßig läuft, der ist vertraut im Umgang mit Uhren. So kam es 18 Jahre später zu **„Die Uhr tickt"**.

Quelle: Werner Leippold „Die Uhr tickt", 2018, ISBN: 9783743194168.

Ein Buch, das mir unverändert viel Freude bereitet. Zum einen, weil es von vielen Menschen nicht nur konsumiert, sondern wirklich sorgfältig gelesen wird. Danke für die Hinweise auf einige Ungereimtheiten bzw. inhaltliche Fehler bei den Vitaminen. Grund genug, mich mit diesen noch intensiver zu beschäftigen. Nur so viel vorab: Es hat sich gelohnt. Zum zweiten, weil mich Kommentare erreichten, die signalisierten, zieh dein Ding weiter durch, du hast doch bestimmt noch das eine oder andere Neue drauf. Und, last but not least, auch mein geistiger Mentor und stiger Inspirator war mit meiner Arbeit zufrieden. Ich darf zitieren:

„... Lebt forever young. ... Weil er auch als Personalentwickler, Trainer und Coach viel nachdenkt und als Autor das Schreiben gewohnt ist, kam der auf eine glänzende Idee: Ein Büchlein zu schreiben, nämlich sein ganz persönliches forever young Büchlein. Kurz und knapp. Immer auf zwei Seiten all die wichtigen, zentralen Themen, die uns jünger und fitter machen. Im Körper wie im Hirn. ... Eine bunte Mischung. Doch wissen Sie was: Komplett. Hier wird wirklich jeder wichtige Punkt in kürzester Form angesprochen. Das Büchlein hab ich mit ins Bett genommen. Wollte es nur durchblättern, hab´s dann doch komplett gelesen. Will sagen: Lohnt sich."

Quelle: Ulrich Strunz, News vom 05.04.2018. Ein Krimi-Autor.

Danke für die Lorbeeren. Warum fällt mir an dieser Stelle Karl Valentin ein, der einst meinte, dass zwar alles schon gesagt wäre, aber noch nicht von allen? Mein lieber Karl, ich hoffe, du irrst dich zumindest hier. Aber, keep cool, irren ist bekanntlich menschlich. Und du warst eben auch nur ein Mensch.

Heute bin ich überzeugter denn je, dass es wirklich nie zu spät für **L.E.B.EN** ist, also für richtiges Leben und nicht so ein Dahinvegetieren nach dem Motto, der Liebe Gott, die EU, Frau Merkel und wer auch immer werden es schon richten.

Wer mehr will vom Leben, weit jenseits von Krankheiten, also Glück, Freude, Spaß, für den ist es nie zu früh zu beginnen nach seinen Diamanten zu suchen. Und je früher Du startest, desto größer sind die Chancen, diese nicht nur zu finden, sondern sie und damit dein das Leben in vollen Zügen zu genießen. Tag für Tag. Wer bereit ist, Verantwortung für sich und seine Suche zu übernehmen, dem öffnen sich viele Türen.

L.E.B.EN ist mein Akronym für die Handlungsstrategien „**L**oslassen", „**E**rnähren" und „**B**ewegen". Mit bemerkenswerten Eigenschaften: Rezeptfrei, klimaneutral, nachhaltig. **EN** steht für Energie. Also: **L.E.B.EN**.

Sind es tatsächlich nur die Gene? Die einen denken „ja" und verharren weiter im Gefängnis ihrer Sternzeichendeutung. Ihr Leben **geht** auch weiter, aber „man wird eben älter". Die anderen sagen bewusst „nein", wir haben es mit unserem **Lebensstil** selbst in der Hand, Gesundheit, Krankheit, Steifigkeit, Beweglichkeit, Lebensdauer, Unglück oder Glück in unserem Sinne zu beeinflussen. Die Entscheidung liegt bei dir, ob es geht, schlecht geht, oder gut, richtig rund läuft.

Ich halte es mit der zweiten Gruppe und stehe zu den zentralen Aussagen der **Epigenetik**. Professor Dr. **Joachim Bauer** erläutert: „Das Geheimnis liegt nicht im Text der Gene, sondern in der Regelung ihrer Aktivität." In anderen Worten: „An jedem Gen sitzen Genschalter, die entscheiden, ob das Gen aktiv, nur gedrosselt aktiv oder komplett ausgeschaltet ist. Abhängig von Umwelteinflüssen – also vom Lebensstil."

Quelle: Joachim Bauer, Das Gedächtnis des Körpers: Wie Beziehungen und Lebensstile unsere Gene steuern, 2013

Leben läuft - weiter

Natürlich auch bei mir. Aber nicht nur das. Viel wichtiger ist für mich, dass ich jeden Tag dazu lernen kann. Wenn ich will. Es gibt im Reich des World Wide Web genügend Newsletter. Darüber hinaus bietet Mutter Natur immer wieder unglaubliche Möglichkeiten, das Dasein für uns alle lebenswerter zu gestalten, beziehungsweise den täglichen Widrigkeiten die Stirn zu bieten.

Mein Leben soll nicht nur weiter gehen, nein, es soll weiter Intensität aufnehmen, es soll richtig laufen. **Stichwort Rest-Laufzeit**. Und damit es wirklich **rund läuft**, stehen unzählige **Vitalisten** zur Verfügung. In „Die Uhr tickt" habe ich diese Muntermacher Vitalisten genannt. Mittlerweile hat sich mein Blickwinkel geschärft. Meine Wertschätzung hat sich verändert, sie sind einzigartig, selten, wertvoll im Sinne ungeschliffener **Diamanten**, **Nuggets©** oder **Perlen**. Es liegt nur an mir, diese zu suchen, zu schürfen, zu bearbeiten, zu veredeln. Was mich von Tag zu Tag überrascht ist, dass die Zahl meiner Diamanten steigt und steigt. Einfach unglaublich.

Quelle: Siehe auch „www.nuggets.one".

Wenn **Diamanten** eine Verbindung mit **Energie** eingehen, sind Kernreaktionen im Anflug. Nicht-

Physiker sagen dazu ganz lapidar: „Die Post geht ab." Ich hätte nie gedacht, einmal Ricky Shane zu zitieren. Warum? Weil der schon vor langer Zeit trällerte: „Ich sprenge alle Ketten." Vitalität pur. Unabhängig und selbstbestimmt leben.

In Vitalität steckt **„Vita"**. Das kommt aus dem Lateinischen und bedeutet **„LEBEN"**, einschließlich einer Art Gebrauchsanleitung:

LOSLASSEN mit Entspannung, Entlastung, Entsagung oder Entwicklung

ERNÄHREN mit Atmen, Trinken, Essen oder Glauben

BEWEGEN mit Ausdauer, Beweglichkeit, Kraft oder Tanzen.

Dies sind für mich Lebensstrategien, epigenetisch mit Professor Bauer gesprochen, Schalter, die ich blockieren, halb oder auch ganz umlegen kann. Wer das versteht muss nur noch wissen, wie und was sie/er an den eigenen Energieschrauben drehen kann. Genau darum geht es in **„Leben läuft weiter"**. Und ich kann eines an dieser Stelle versprechen: Es gibt sehr viele Stellschrauben. Je mehr ich mich damit beschäftige, desto größer wird mein Staunen und mein Spaß am Leben.

Glücksmomenten begegnen

„Kein Mensch gleicht dem anderen zu hundert Prozent. Auch eineiige Zwillinge nicht. Jeder von uns ist ein **Unikat**, mit Stärken und Schwächen, teils von Natur so ausgestattet, teils bedingt durch unsere Lebensumstände und unseren Lebensstil. Diese **Individualität, Einzigartigkeit** sehe ich auch in unserem **Geist**, unserem **Körper**, unserer **Seele**. ... Daraus folgt, ich kann alle Stellschrauben meiner Vitalität **(= Vitalisten)** immer wieder neu justieren, feintunen."

Quelle: Werner Leippold „Die Uhr tickt", 2017, ISBN: 9783743194168.

Gibt es ein gesichertes Rezept zum Glücklich-Werden? Ich meine „ja". Das Prinzip **„Versuch und Irrtum"** führt uns dabei. Ob auf der Rennstrecke, im Labor, im Kanzleramt, im Entwicklungszentrum oder im richtigen Leben. Sein stetiger Begleiter ist die **„Eigenverantwortung"** im Sinne einer Schnittmenge von Mut und Weisheit. Mut, eigene Entscheidungen zu treffen. Weisheit, sich den Rat anderer einzuholen. Ob Du mit einer Entscheidung glücklich geworden bist, kannst Du erst dann feststellen, wenn Du dir eine Chance gegeben hast. Es klingt lapidar, ist es aber nicht: Es gibt nichts Gutes, es sei denn, Du tust es.

Leben ist das Gegenteil von Stillstand. Nehmen wir unser Leben in die eigenen Hände! **„Wie gestalte ich meine Rest-Laufzeit"** war eine Frage in **„Die Uhr tickt."** Bei **„Leben läuft weiter"** habe ich mich für den Untertitel **„Bist Du bereit für Mehr?"** entschieden. Was ist damit gemeint?

Psychologen, Philosophen, Sportwissenschaftler verwenden gerne den Begriff ‚Flow', wenn es läuft, wenn wir eine unglaubliche Leichtigkeit in unserem Tun verspüren. Sei es beim Schreiben, Malen, Stricken, Musizieren, Handwerkeln, Kochen, Tanzen oder Laufen. Glücksgefühle, die plötzlich kommen, unabhängig von Bankkonto, Herkunft oder anderen sozio-ökonomischen Faktoren. Wer einmal in diesen Genuss von Flows gekommen ist, möchte mehr davon haben. Vorsicht! Suchtgefahr.

Ein Mega-Diamant ist mir im vergangenen Jahr ziemlich unvermittelt über den Weg gelaufen. **Das Tanzen.** Warum Mega? Ganz einfach: Tanzen vereint nicht nur alle 3 Lebensstrategien in sich, sondern lädt darüberhinaus geradezu zum Abheben, zum Fliegen. Nehmen wir den Tango Argentino. Einverstanden, für den Einsteiger nicht unbedingt die einfachste Variante. Aber, wenn die ersten Bewegungsabläufe fließen, wenn Körper, Geist und Seele von Mann und Frau gemeinsam Fahrt aufnehmen, wenn, gepaart mit einem Schuss Erotik, Endorphine purzeln. Die Zeit verfliegt. Oder bleibt sie stehen? Figuren huschen über das Parkett, zu zweit vereint. Wenn das kein Flow ist, dann verstehe ich die Welt nicht mehr.

Mein geistiger Ziehvater benutzt gerne den Vergleich zwischen „Ameise" und „Adler". Erstere sind ungemein fleißig, Adler dagegen schweben. Ohne größere Anstrengung, einfach, gewusst wie, die Thermik nutzend. Ein Leben im Aufwind. Für mich ist das **Flowing**. Ein hoher, zu hoher Anspruch? Nein, denke ich. Die Natur, der liebe Gott oder wer auch immer das Ganze sich ausdachte, hat uns alle mit Gaben gesegnet, die teilweise außerhalb unserer heutigen Vorstellung liegen. Grenzen, auch die mentalen, haben wir geschaffen. Okay, aber wenn wir diese errichtet haben, dann können wir diese auch wieder abschaffen im Sinne von überwinden. Warum ihnen nicht tänzelnd entgegen kommen, sie einladen zu **„Pushing The Limits"**? Und das unabhängig von Alter, Geschlecht und sonstigen Gegebenheiten.

Ich wünsche mir, dass auch dieses Buch wieder ganz persönlich zu dir liebe/r Leser/in rüber kommt. Jeder einzelne Diamant, Vitalist wird sich wieder persönlich einführen und vorstellen. Und er wird deutlich Stellung beziehen, sehr persönlich, sehr subjektiv. Ich bin mir im Klaren darüber, dass dies in einem Sachbuch als ungewohnt empfunden werden kann. Ja, ungewohnt. Aber liegt nicht gerade darin auch der Reiz jedes Neuen? Herrmann Hesse meint dazu in „Stufen":

Wie jede Blüte welkt und jede Jugend dem Alter weicht, blüht jede Lebensstufe, blüht jede Weisheit auch und jede Tugend zu ihrer Zeit und darf nicht ewig dauern.

Es muss das Herz bei jedem Lebensrufe bereit zum Abschied sein und Neubeginne, um sich in Tapferkeit und ohne Trauern in andre, neue Bindungen zu geben.

Und jedem Anfang wohnt ein Zauber inne, der uns beschützt und der uns hilft, zu leben."

Und nun geht es los mit dem ersten meiner **neuen Diamanten**: Alpha-Liponsäure. Schon mal davon gehört? Ich danke für die Neugierde. Und ich freue mich auf Feedback. Auch das gehört zu einem glücklichen Leben mit möglichst vielen Höhenflügen.

Werner Leippold

Im Juli 2019

Leben läuft weiter

Alpha Liponsäure –
Altersflecken ade?

Bitte jetzt nicht sofort das Buch zuklappen – Du würdest dann nie erfahren, was ich für dich tun kann. So viel vorab: Eine ganze Menge. Ich kenne viele Exemplare deiner Gattung, also des Homo Sapiens, die fürchterlich unter Altersflecken leiden. Das ästhetische Empfinden, Du verstehst? Und überhaupt. Altersflecken weisen dich darauf hin, dass Du alt bist, täglich älter wirst. Und sie breiten sich aus, werden mehr. Heute ist der erste Tag vom Rest deines Lebens. Ein gruselige Vorstellung für manche. Auch für dich?

Da dies wohl so ist, hat sich der Apotheker Uwe Gröber meiner angenommen. Er zählt zu den führenden Mikronährstoffexperten Deutschlands. Eines seiner Lieblingsthemen ist die Alpha Liponsäure. Mit der hat er sich intensiv beschäftigt und seine Erkenntnisse sauber dokumentiert. Kannst Du sehr alles nachlesen, und das für knapp drei Euro. Günstig und verständlich, finde ich. Für so viel Neues.

Quelle: Uwe Gröber und Klaus Kisters, Alpha Liponsäure, 2017.

Kannst Du dir vorstellen, dass manche bereits beim Lesen, also bereits vor einer Anwendung von mir, in eine Art Flow fallen? Sie träumen von einem forever-young-Leben, ganz ohne Altersflecken. Sie sehen sich vor dem Spiegel stehen, vielleicht auch mit Lupe oder anderem optischen Hilfsmittel, und staunen. Wo sind sie geblieben? Meine Altersflecken. Wo?

Wer das nicht glaubt, dem kann vielleicht der Fitness-Papst persönlich weiter helfen: „Da saß also so ein verschmitzter Professor, mein Baujahr, im Fernsehen bei Nina Ruge und plaudert nonchalant – tatsächlich natürlich ganz genau wissend, was er gerade tat: „Altersflecken? Hab ich nicht. Ich nehme Alpha-Liponsäure" Schiebt seinen Ärmel hoch und zeigt Unterarm und Hand. Glatt, jugendlich und glänzend wie ein Kinderpopo. Da bin ich aufgesprungen."

Quelle: Dr. Strunz, News vom 08.09.2017, Phantastisch.

Genug des Guten? Also wenn das nicht zumindest der Ansatz eines Flows war. Und Du? Immer noch auf der Couch oder bereits unterwegs? Ein kleiner Tipp am Rande: Knausrig sein dürfte sich nicht auszahlen. Eine Dosierung von 2 x 600 mg täglich scheint Sinn zu machen. Am besten zum Essen einnehmen, damit Sodbrennen gar nicht erst aufkommt. Muss nicht sein. Wäre nebenbei auch eine gewaltige Flowbremse.

Apropos Sodbrennen: Ich habe gehört, dass Menschen mit einem regelmäßigen Verzehr von

Mehlprodukten, also zum Beispiel Brot, häufig unter Sodbrennen leiden. Ist nicht schön. Brot ist eben auch ein kräftiger Lieferant von Kohlehydraten. Lässt man diese beispielsweise mal ein Zeit lang weg, ich denke probieren geht hier über studieren, könnte das Problem ganz schnell gelöst sein. **Weglassen als Lösung** – einfach genial.

Was ich damit sagen möchte: Bitte, sollte bei meiner Einnahme tatsächlich Sodbrennen auftreten, nicht monokausal handeln und mich sofort verbannen. Es könnte auch an der Kohlehydratzufuhr generell liegen. Du verstehst?

Vielleicht ist es jetzt einfach nur Zeit, von der einen oder anderen Gewohnheit Abschied zu nehmen. Schade, dass Martin Luther nicht mehr lebt. Ich hätte gerne mit ihm mal diskutiert. In seiner Übersetzung der Heiligen Worte steht sinngemäß: „Unser täglich Brot gib uns heute." Waren das wirklich die Heiligen Worte? Oder ist es seine Übersetzung. Okay, Vertreter der Bäckerinnungen werden da sicher eine eigene Meinung haben. Aber, es gibt auch Homo Sapiens, die das anders verstehen, vielleicht so: „Unser täglich Essen gibt uns heute."

Ich weiß, Gewohnheiten sind stark, aber ... stell dir einfach mal vor, wie es sich anfühlt, wenn deine überflüssigen Pfunde purzeln. „Brotzeit" ade, Sodbrennen ade, Altersflecken ade. Alles ist möglich. Träume können wahr werden. Auch Fliegen war einst ein Traum. Bis sich einer dann mal daran wagte.

Quelle: Uwe Gröber, Mikro-Nährstoff-Beratung: Ein Arbeitsbuch, S. 93, 2018

Aminos -
essentiell wichtig, was sonst?

Wir **Aminosäuren** sind bekanntlich die Bausteine der **Proteine**. Die Unterscheidung in ‚essentiell' und ‚nicht essentiell' beruht darauf, dass der menschliche Körper uns essentielle Aminosäuren nicht selbst herstellen kann. Er ist hier im Prinzip auf die Zufuhr von außen über die Ernährung angewiesen. Im Einzelnen handelt es sich dabei um:

Wer?	**Kümmert sich um was?**
Arginin	Blutdruck, Fettverbrennung und Leistungssteigerung
Isoleucin (BCAA)	Muskeleiweiß für bessere Ausdauer, Neusynthese
Leucin (BCCA)	Fettverbrennung und Eiweißaufbau im Muskel
Valin (BCAA))	Aufbau und Stärkung von Nervenbahnen
Lysin	Optimale Virusabwehr einschließlich Herpes
Methionin	Wichtigste Krebsversicherung aus dem Blickwinkel der Aminosäuren
Phenylalanin	Kraft und Freude jeden Tag, Dopamin und Noradrenalin
Threonin	Hilft gegen Müdigkeit, baut Kollagen auf
Tryptophan	Baut Serotonin auf, hilfreich bei Depressionen
Histidin	Für lebensnotwendige Funktionen, Stärkung des Immunsystems

Daraus kann der Körper dann wiederum andere Aminosäuren bauen, wie zum Beispiel: Alanin, Asparagin, Cystein, Glutamin, Glyzin, Prolin, Serin oder Tyrosin. Ein faszinierendes System.

Nicht unerwähnt soll an dieser Stelle **Taurin** bleiben, eine semi-essentielle Aminosäure. Sie verbessert die Fettverbrennung, entgiftet die Leber bei toxischer Überbelastung, also nach Konsum von Alkohol oder Koffein. Die Macher von Red Bull haben hier gut aufgepasst. Kompliment.

Aber, aus unserer Sicht fristen wir **Aminosäuren**, übrigens auch die Omega-Fettsäuren, in der Flowforschung ein ziemliches Schattendasein. Erstaunlich, da unsere Kollegen Valin, Leucin und Isoleucin, die als **BCAA** = Branched Chain Amino Acids bezeichnet werden, nach anstrengendem Flowen, zum Beispiel nach einem flotten Triathlon oder einem Disco-Fox-Marathon, bekanntermaßen regenerierend wirken. Nicht nur Leistungssportler und Tanzwütige haben dies mittlerweile registriert und schätzen gelernt.

Wir Amigos können im Blut gemessen werden. Kennst Du dein **Aminogramm**? Wenn nicht, dann erlaube ich mir die Frage: Glaubst Du, dass Du dich wirklich so richtig kennst? Traurig. Aber ich schätze an dir, dass Du ehrlich bist. Ich kenne viele, die versuchen, den Eindruck zu erwecken, sie wären voll im Bilde. Hoffentlich hast Du solchen nicht deine Gesundheit in die Hände gegeben. Könnte dich teuer zu stehen kommen. Du kennst die Band „Tote Hosen"? Einer ihrer Hits hat den sinnigen Titel: **„Du lebst nur einmal."**

Das mit den Kosten ist mittlerweile nicht mehr ein so großes Argument. Zum einen, da einzelne Krankenkassen sich durchaus in dem einen oder anderen Fall überzeugen lassen, die Kosten zu übernehmen. Ein Versuch lohnt sich auf jeden Fall. Zum anderen, da es Anbieter gibt, die bereits ab 54 € inklusive Mehrwertsteuer ein Testset anbieten, einschließlich detaillierter Auswertung. Ein Investition, über die Du vielleicht mal nachdenken könntest. Denn, ist dein Aminogramm im Keller, ist noch manch anderes, Stimmung, Spass, Lebensfreude, im Keller. Und Flows sind weit entfernt. Abheben kannst Du erst mal vergessen. Tragisch. Also nicht direkt für uns Aminos, aber für dich.

Quellen:

Dr. Strunz, News vom 23.03.2018, Die Liste

www.paracelsus.de, Zeitgemäße Labordiagnostik, in Paracelsus Magazin, 2/2016

www.careshop360.de/Amino-Screen Bluttest

Astaxanthin –
Freund und Helfer?

Wenn man mich fragt, wie ich zu meinem Namen Astaxanthin gekommen bin, lächle ich meist und erzähle die Geschichte von Asterix. Du kennst den kleinen Teufelskerl, Schrecken der übermächtigen Römer? Nein? Dann stelle dir einen Triathleten vor, circa 160 cm klein, muskulös, Fettanteil um die 10%, schlau, trick- und geistreich. Ganz nebenbei, seine Flows korrelieren positiv mit dem Frust seiner Widersacher (Faktor 1,0), also der Römer.

Ich bin ein Carotinoid, ein natürlicher roter Farbstoff. Wo kannst du mich antreffen? Ganz einfach, ich bin enthalten in buntem Obst, Garnelen, Krabben und Lachs. Was meine Leistungsfähigkeit anbelangt, lasse ich gerne andere zu Wort kommen: „Als Antioxidans in den Mitochondrien (= Kraftwerke der Zellen, d. V.) ist es beispielsweise etwa 550-mal wirksamer als Vitamin E."

Quelle: Der Privatarzt, 2/2019, S.46.

Wenn dem so ist, und ich zweifle nicht an mir, dann steckt da eine Menge Power drin. Und warum bin ich so viel effektiver als andere Antioxidantien? Weil ich sowohl in die wasserfreundliche als auch in die wasserabstoßende Schicht der

Zellmembran rein komme. Damit kann ich Zellen gleichzeitig von außen und innen vor freien Radikalen und damit vor schädlicher Oxidation schützen. Das sind Fakten, die genau untersucht wurden. Wer es nicht glauben mag, Dr. Google hilft gerne auf die Sprünge. Dort findest Du eine Menge Nützliches und Wissenswertes über mich.

Das ist aber noch nicht alles. Ich kann noch viel mehr. Wissenschaftliche Tests haben ergeben, dass ich nicht nur die Konzentrationsfähigkeit, Motivation, Stimmung steigere, sondern auch das Erschöpfungsgefühl nach körperlicher Belastung verringere. Wahnsinn, was? Übrigens, die Tests fand ich ganz lustig: 8 Wochen lang Rechenaufgaben lösen, z.B. wie schnell muss man laufen, schwimmen, damit ...., und das bei körperlicher Anstrengung beziehungsweise Belastung auf dem Ergometer. Wissenschaft kann Spaß machen.

In angesagten Clubs in Berlin, München oder Frankfurt dröhnen sich viele spätestens in den Morgenstunden Ritalin, Amphetamine und Speed rein. Wenn die wüssten was die Natur zu bieten hat, rezeptfrei, kostengünstig und nachhaltig.

Zur Abrundung: Es soll auch Triathleten geben, die auf mich schwören. Habe ich gerne gehört. Ich bin stets an neuen Kunden interessiert. Aber das nur so ganz nebenbei.

Auspacken –
ab nach Hawai?

Mein Gott was ist die deutsche Sprache doch komplex! Man benutzt mich für sehr Unterschiedliches: Vor Gericht werde ich, zumindest von den Richtern, gern gesehen, beim Zoll fühlt es sich eher ‚schnüffelig' an, nach dem Einkauf in der Regel erleichternd. Und Personalentwickler interpretieren mich wieder ganz anders, als **‚Ent-Wicklung'**. Richtig, das ist kein Schreibfehler oder eine Unart des Schreibprogramms. Früher waren viele der Meinung, dass man beim Entwickeln etwas hinzufügen müsste, was bisher fehlte. Mittlerweile hat sich herumgesprochen, dass Auspacken dauerhafte Entwicklung impliziert: Entlasten, Schweben lernen. Flowen.

Andere Völker wissen das schon längst. So die **Huna auf Hawai**, deren Lebensphilosophie Serge King in 6 Thesen fasste:

o   The world is what you think it is.
o   There are no limits.
o   All Power comes from within.
o   Energy flows where attention goes.
o   Now is the moment of power.
o   To love is to be happy with ... .

Jeder dieser Leitsätze hat aus meiner Sicht längere Meditationen verdient. Damit meine ich nicht die verzweifelten Versuche, Nichts zu denken, sondern das bewusste Kommen- und Gehen-Lassen von Gedanken. Fließen lassen. Einfach so. Ich verspreche bei mehrmaliger Übung eine Ent-Wicklung 2.0. Und martere danach nicht das Hirn mit der Frage, ob, das, was da soeben geflossen ist, von innen, also von dir selbst, oder von außen gekommen ist. Ich sage nur: Alles ist Eins.

Stopp. Seitdem Homo Sapiens verstanden hat, dass die Welt das ist, wozu seine Gedanken sie machen, lernen manche, ihre Sprache sehr viel bewusster zu benutzen. Sprüche wie „in diesem Alter" oder „das macht doch nicht ein/e " unterliegen nun einer freiwilligen Zensur. TOYOTA lag mit seinem legendären Werbespruch „Nichts ist unmöglich!" richtig. Und warum machst Du nicht das, was deiner Seele gut tut? Zum Beispiel Tango Argentino oder East Coast Swing lernen. Und das mit einem Partner, der das auch liebt. Zu Zweit sein, Eins sein, über das Parkett schweben. Nach einiger Übung: Flowing pur. Fühlst sich an wie ein Sechser im Lotto.

Vielleicht traust Du dich auch an das Schreiben von Gedichten, Kurzgeschichten oder gar an ein ganzes Buch heran. Schreiben ist Ent-Wickeln, Auspacken. Gedanken zulassen, fließen lassen was in dir schlummert. Du denkst, es ist doch Alles schon gesagt worden? Pack doch erst mal aus. Erst dann kannst Du feststellen, ob Karl Valentin Recht hatte. Übrigens, es ist nie zu spät für ein Tagebuch, und das ist ganz sicher einmalig. So etwas wie dein Leben gibt es bestimmt kein zweites Mal.

Übrigens, wie lautet dein Mantra? Noch nie davon gehört? Dann wird es Zeit. Mantra ist ein Begriff aus dem Hinduismus. Er soll dir helfen, mentale und spirituelle Energien freizusetzen. Keine Sorge, Du musst jetzt nicht konvertieren oder irgendeiner Religionsgemeinschaft beitreten. Nein, ganz und gar nicht. Formuliere einfach deinen oder deine Glaubenssätze und lasse dich von ihnen leiten. Früher nannte man das auch glauben. Versuch es doch einmal, lass dich überraschen. Auch das ist eine Form des Auspackens, des Sich-Entwickelns.

Im Yoga wird ein Mantra oft während der Meditation immer und immer wiederholt. Das Ziel ist, den Geist zu beruhigen, sich zu fokussieren, Gewohnheiten zu durchbrechen. Kennst Du „Affengeschnatter" abends im Bett vor dem Einschlafen? Deine Gedanken drehen sich im Kreis und Du kommst zu keinem Ende? Auch hier könnte Auspacken weiter helfen. Denk mal darüber nach.

Auspacken macht Spaß und Sinn. So wie wir einst in Windeln gepackt wurden, so ist es jetzt Zeit, uns von Verwicklungen, Geht-Nicht-, Tut-Mann/Frau-Nicht-Gedanken und sonstigen Bremsen zu befreien. Endlich raus lassen, was in Dir steckt. Das tut gut, dir gut. Also, ich bin auf jeden Fall dabei. Und wenn Du dabei ins Träumen gerätst, um so besser.

Quellen:

Haetzel, Klaus, Wege auf Wasser und Feuer - Vom Krebspatienten zum Ultraman, Leipzig 2016

www.narayanjot.com/Was ist ein Mantra?

Baustoffhof -
ist 13 + 22 + 2 + 10 = 47 oder mehr?

Mich kann man, auch in Zeiten von PISA, IGLU und TIMSS, ohne www.google.de/maps oder Navigator leicht finden. Der Baustoffhof des Homo Sapiens umfasst im Wesentlichen 4 Bereiche mit insgesamt **47 essentiellen Baustoffen**:

- 13 Vitamine
- 22 Mineralien und Spurenelemente
- 2 Fettsäuren und
- 10 Aminosäuren.

Geöffnet habe ich rund um die Uhr. Zulieferungen und Abholungen sind jederzeit möglich. Ich stehe prinzipiell jedem zur Anwendung zur Verfügung. Man könnte das auch etwas euphorischer ausdrücken: Wenn meine gesamte Produktpalette mit den 47 Protagonisten in gutem Zustand ist, kann Homo Sapiens sich kaum mehr vor Höhenflügen retten. Was wäre doch alles machbar? Bisher halten es noch nicht allzu viele für möglich. Warum? Das ist mir echt ein Rätsel.

47 essentielle Baustoffe. Nicht mehr, aber auch nicht weniger. Doch wer kennt die schon? Ich bin zwar kein Pessimist, aber im Fall Homo Sapiens sehe ich ziemlich schwarz. Warum? Albert Einstein soll einmal gesagt haben: „Zwei Dinge sind

unendlich, das Universum und die menschliche Dummheit, aber bei dem Universum bin ich mir noch nicht ganz sicher. Phantasie ist wichtiger als Wissen, denn Wissen ist begrenzt. Wenn die Menschen nur über das sprächen, was sie begreifen, dann würde es sehr still auf der Welt sein."

Quelle: www. zitatezumnachdenken.com/albert-einstein

Einstein galt und gilt als intelligenter Mensch. An wen er dabei vielleicht speziell gedacht hat, ich kann es nur vermuten. Auf jeden Fall scheinen Medizinfrauen und –männer der alten Schule eine ganz merkwürdige Spezies zu sein. Sind sie von Allergien, Blindheit, Taubheit und was auch immer geplagt? Wäre ein hartes Dasein. Für alle Betroffenen. Das könnte unsereins total resignativ machen. Denn eines ist aus meiner Sicht bemerkenswert: Die sind zäh wie Leder und scheinen wirklich nur ganz langsam auszusterben. Aber, auch Dinosaurier hat es in geraumer Vorzeit final erwischt. Die Natur richtet es schon.

Die Natur kann es aber auch richten, dass deine Flows nicht ewig auf dich warten müssen, sondern Du ihnen entgegen kommst. Wie? Deinen persönlichen Bauhof stets in Schuss halten, bis zum Rand gefüllt mit 47 essentiellen Baustoffen.

Quelle: Dr. Strunz, News vom 23.03.2018, Die Liste

Chlordioxid –
macht sauer lustig?

Mein Nachweis in der Erdatmosphäre über der Antarktis im Jahr 1986 soll zur Entdeckung der Ursachen des Ozonlochs beigetragen haben. Sagt man. Wenn dem so ist, wäre das doch eine ganz passable Notiz auf meiner Visitenkarte. Zumal auf einer solchen eh nicht allzu viel stehen würde. Vielleicht noch, besteht aus Sauerstoff und Chlor, tritt bei Raumtemperatur als Gas auf.

Mein Stammbaum ist recht abwechslungsreich. Es begann um 1811 durch den Engländer Sir Humphry Davy. Andere folgten. 1921 beschrieben mich Erich Schmidt und Erich Graumann als selektives Bleichmittel, das nicht mit Polysacchariden reagiert. Stopp. Polysaccharide? Weiter hinten in diesem Buch findest Du ein ganzes Kapitel darüber. Es könnte sich lohnen. Stichwort: Darm.

Ein gewisser Jim Humble machte im Urwald unfreiwillig Bekanntschaft mit mir. Er war sehr erfreut darüber. Und der Biophysiker Andreas Kalcker lud mich zu Selbstversuchen ein. Das war für ihn der Start zu einer Reise ins Ungewisse. Alles gut dokumentiert.

Quelle: CDS/MMS; Heilung ist möglich: Andreas Kalcker, 2014

Wer sich mit mir beschäftigt, kann seine blauen Wunder erleben. Ich will ja nicht größenwahnsinnig erscheinen, aber irgendwie erinnert mich das Ganze an den Irrsinn der Diskussion über Pro und Contra des Nutzens von Familie „Vitamine".

Okay, ich verstehe, dass Menschen mit geringen Chemie-Kenntnissen mich sehr argwöhnisch betrachten. Ist gut so, ganz in meinem Interesse. Ich will ja Nutzen stiften, Schaden vermeiden. Zum Beispiel wenn Krankheitserreger auf der Bildfläche erscheinen. Mittlerweile weiß man, dass die sich in einem sauren Milieu sehr wohl fühlen. Stichwort pH-Wert. Ich habe den Eindruck, dass die mich absolut nicht mögen. Kaum riechen die mich, machen sie sich schon aus dem Staub. Erstaunlich. Also nicht direkt für mich, wohl mehr für Homo Sapiens. Wie sagt das Bonmot doch: Der Laie staunt und der Fachmann wundert sich.

Wie wird es in Zukunft mit mir weiter gehen? Ehrlich gesagt, ich weiß es nicht. Es sind viele, vielleicht zu viele, unterschiedliche Interessen im Spiel. Und natürlich geht es auch um den Mammon. Seriöse Studien über mich würden viel Geld kosten. Aber wer geht schon freiwillig ein Risiko ein, das am Ende mit einiger Wahrscheinlichkeit nur eine erbärmliche Rendite bringt? Also betriebswirtschaftlich, nicht global betrachtet.

Diamant E. –
rechnet sich Eigenverantwortung?

Ich bin begehrt, nicht nur in kapitalistischen Systemen. Dabei haben viele noch immer nicht begriffen, dass mein Vorkommen nahezu unendlich ist. Eigentlich wie Sand am Meer, aber der ist ja auch begrenzt, wie ich kürzlich erfahren habe.

Wir Diamanten haben ein ganz anderes Weltbild als der normale Homo Sapiens. Der giert nach uns, nach Karat, nach Härtegraden, nach Euros und Dollars. Wir sehen das alles viel differenzierter. Ein Beispiel: Der Diamant E. („Eigenverantwortung"). Eigenverantwortung sehen wir als eine Art Grundrecht jedes Menschen. Nimmt man ihm dieses, nimmt man ihm auch seine Würde. Klingt plausibel, oder?

Wenn Du jetzt innerlich genickt hast, sitzt Du in der Falle. Denn Du hast unseren bundesdeutschen Sozialstaat ad absurdum geführt. Ursprünglich war dessen Idee ja absolut positiv: Hilfe für den oder die Schwachen. Dachte sich auch mal ein Herr Bismarck, als er die gesetzliche Krankenkasse einführte, für die etwa 10 Prozent Schwachen. Eine höchst christliche Idee. Tja. Und was ist daraus geworden: Aus den 10 Prozent wurden 50 Prozent, 85 Prozent, Tendenz eindeutig in Richtung 100 Prozent. Scharfe Rechner, man könnte sie auch als böse Zungen bezeichnen, kommen logisch betrachtet zu dem Ergebnis, dass wir uns zu einem Volk von Schwachen, Hilfsbedürftigen entwickelt haben – mit wenig Eigenverantwortung, also Würde. Die Konsequenzen sind immens. Wie konnte es so weit kommen?

Lang, lang ist es her. In M.T. Ciceros Reden gegen L.S. Catilina kann jeder erfahren, dass schon damals kluge Leute offengelegt haben, wie persönliches Ego, persönliches Machtstreben möglichst einfach befriedigt werden kann: Man verspricht der Masse Wohltaten. Das Ergebnis: Man wird gewählt - und wieder gewählt. Es ist verlässlich überliefert, dass bereits Cicero sich darüber fürchterlich aufgeregt hat. Aber, konnte er am Lauf der Dinge sprich Weltgeschichte etwas ändern? Selbst der berühmteste Redner Roms und Konsul im Jahr 63 v. Chr. war machtlos.

Laut einer Aufstellung der amerikanischen Investmentbank JP Morgan lag im letzten Jahr die durchschnittliche Umsatzrendite für Frühstücksflocken, Snacks und Kekse bei etwa 18 Prozent. Für Obst und Gemüse dagegen bei knapp 5 Prozent. Was meint der betriebswirtschaftlich geschulte Verstand dazu? Ist wohl so. In der Marktwirtschaft bestimmt noch immer der Kunde, was er futtert und was nicht. Oder nicht?

Verstanden? Das Übergewicht eurer Kinder, PISA-Ergebnisse, ADHS-Kranke und Vieles mehr sind nicht naturgegeben. Nein, sie sind auch das Ergebnis mangelnder Eigenverantwortung. Warum futtert ihr hirnlos, was die Lebensmittelindustrie zu Discounterpreisen offeriert? Hauptsache billig? Hauptsache schön süß? Die Würde des Menschen ist ... wohl schon so eine Sache.

Als ich heute morgen SPIEGEL ONLINE lese, komme ich kaum mehr aus dem Staunen heraus. Die Headline lautet: „Ist Übergewicht eine Krankheit?" Dann geht es auch gleich richtig los, also aus meiner Sicht. Ich zitiere am besten:

„Und ebenso müsse man die **Übergewichtsepidemie** mit Maßnahmen angehen, die deren "Krankheitserreger" bekämpfen: Nahrungsmittel mit hoher Energiedichte und Bewegungsmangel. Dies kann aber nicht der Einzelne lösen, stattdessen müssten Regierungen, Gesundheitsdienste, Lebensmittelhersteller und andere gemeinsam daran arbeiten."

Hört, hört. Was ich höre? Euros und Dollars klingeln. Aber nicht bei dem Normalo, nein, bei anderen. Zwar bezahlt der Einzelne mit seinen Steuern die ganze Misere, aber selber zu einer Lösung beitragen? Das ist doch wirklich zu viel verlangt. Oder? Ich sage da nur ausreichend BEWEGUNG, artgerechte ERNÄHRUNG und

ENTSPANNUNG. Ist das denn wirklich so schwer? Und haben Ärzte wirklich nichts anderes zu tun, als über das Thema „Ist Übergewicht eine Krankheit?" zu diskutieren. Wie lautete noch mal dieser Eid?

Leere Kohlenhydrate, Industriefette, Alkohol machen süchtig. Wie sieht das mit Obst und Gemüse aus? Echte Diamanten. Okay, ich verstehe, das mit der Umsatzrendite ist nicht ganz so einfach zu bewerkstelligen.

Eine Frage noch zum Schluss: Was ist erstrebenswerter, der Spass einiger Milliardäre, die den Zuwachs weiterer Milliarden auf ihrer 300m-Yacht feiern, oder die Glücksgefühle von Millionen von Menschen, die gesund und munter über Felder und Wiesen hüpfen? Gleich einem Reh. Übrigens, leiden die auch unter Übergewicht?

Quellen:

Ökologin Aurora Torres, Ich habe miterlebt, wie ein ganzer Strand verschwunden ist, in: SPIEGEL Nr. 28 vom 06.07.2019, S. 101

Ulrich Volz, Elemente der Gesundheit, 2012, Eigenverlag der Ulrich Volz GmbH

www.spiegel.de/Ist Übergewicht eine Krankheit? Vom 24.07.19, Verfasserin Nina Weber

Dosierung –
eine echte Kunst?

Jetzt wird es spannend. Eines der wenig angezweifelten Naturgesetze ist: Zu viel ist nicht gut, zu wenig ist aber auch nicht gut. Also, was ist nun gut? Die Antwort ist einfach: Ich, die Dosierung, mache es. Du kannst fragen wen du willst, Koch, Erzieherin, Trainer, Kräuterfrau, Medizinmann oder Therapeutin, alle werden dir bestätigen, dass das so ist. Ich denke, darüber gibt es wirklich nichts zu diskutieren.

Und weil das so ist, kann man mich auch so leicht missbrauchen. Wenn ich an die sogenannten Schrottstudien denke, die täglich publiziert werden, wird mir speiübel. Nur ein kleines Beispiel.

Ich zitiere den Fitnesspapst,: „Im Medical Center in Flint Michigan wurden 21 Studien nachträglich ausgewertet. Eine Metaanalyse. 83.291 Patienten. Die Hälfte Vitamin D, die anderen nicht. Es fand sich kein Unterschied. Bei Herzinfarkt, Schlaganfall, Sterblichkeit. Sie ahnen, was hier geschah? ... An der Harvard University wurden 25.871 Teilnehmer dokumentiert. Vitamin D, täglich 2000 I.E. hat eben nicht geschützt vor Herzinfarkt und Schlaganfall. Natürlich nicht. 2000 I.E. (hier ist die Dosis angegeben) hilft eben nichts. Bringt nicht die genügend hohen Blutspiegel. Schrott."

Oh je. Aber es gibt auch Zeitgenossen, die Schrottstudien als wichtig betrachten. Warum? „Trial and Error". Wissen wir doch aus vorgenannten Studien, dass eine tägliche Dosierung von 2000 I.E. nichts bringt. Weniger wird wahrscheinlich auch nicht mehr bringen, denkt der normale Homo Sapiens. Aber, warum empfiehlt dann die oberste Ernährungsbehörde in Deutschland, die DGE, eine Dosis von 800 I.E.? Also, aus meiner ganz subjektiven Sicht, da kann was nicht stimmen. Bereits an der Basis. Sehr merkwürdig.

Aus meiner Sicht bin ich, die richtige Dosierung, dafür verantwortlich, ob Du mit Flows überflutet wirst oder nicht? Nur, was ist die richtige Dosis für Frau oder Mann, im Alter von dreißig oder sechzig, für Leistungssportler oder Freizeit-Läufer, groß oder klein, schmalbrüstig oder übergewichtig? Eine komplexe Frage, nicht einfach zu beantworten. Was tun? Wiki hilft weiter: „Tuning, abgeleitet vom Englischen ‚to tune', steht für Abstimmen, in Einklang bringen, bezeichnet individuelle Veränderungen und Modifikationen." Also: Erst studieren, sich schlau machen. Dann probieren, Schritt für Schritt. Mit Mut und Geduld. Du verstehst mich?

Quelle: Dr. Strunz, News vom 04.07.2019, Vitamin D, auch Schrottstudien wertvoll

Ethanol -
gnadenlos nüchtern

Soll ich, die chemische Verbindung Ethanol, auch bekannt als Äthylalkohol, stolz darauf sein, dass mich fast alle Deutschen mögen? Die wissen eben, dass ich eine euphorisierende Wirkung habe, Zungen lockern, schlummernde Energien wach küssen kann, bis hin zum mal so richtig die Sau-Raus-Lassen. Interpretiert wird all dies als locker, kommunikativ, lustig, spaßig, cool. Zumindest bis zu einem gewissen Grad. Dann ist Schluss mit lustig. Von wegen Flowen. Kotz!

Natürlich hat man sich mit mir wissenschaftlich rauf und runter auseinandergesetzt. Nicht nur der Umsatz mit alkoholischen Getränken explodiert, auch die Printmedienauflagen, wissenschaftlichen Abhandlungen und Auftragsstudien. Ein absolut lohnendes Geschäft, einschließlich der vor- und nachgelagerten Geschäftsfelder Forschung, Werbung, Marketing, Akutversorgung, Suchtkliniken, Therapieangebote, Gesprächskreise bis hin zu Ersatzdrogen. Was wäre das Gesundheitsministerium ohne mich? Wahrscheinlich nicht mal ein eigenständiger Behördenapparat.

Und nicht zu vergessen, all die Mythen, die über mich kursieren. Wusstest Du, dass laut Welt-Gesundheitsorganisation jeder Mann, der täglich mehr als einen halben Liter Bier oder ein Viertel Wein trinkt, ein Alkoholiker ist? Tja, und für Frauen gilt die Hälfte. In der renommierten Mediziner-Zeitschrift „Lancet" wurden 2018 die Ergebnisse einer Meta-, ich nenne es besser Mega-Studie, publiziert. Grundlagen sollen sein:

- über 1000 Einzelstudien
- aus 195 Ländern
- 28.000.000 Teilnehmer und
- über 500 Wissenschaftler

Geht es noch gründlicher? Die haben mit allen Mythen über mich, den Alkohol, aufgeräumt. Ich kann dazu nur eins sagen:

Gnadenlos nüchtern.

Falls Du das Thema „Flowen" noch nicht für dich abgehakt hast, lass mich besser in Ruhe. Finger weg. Übrigens: Die Bar im deutschen Bundestag öffnet um 10 Uhr – morgens. Du verstehst?

Ohne Flows kann es tatsächlich nur Lösungen mit dem Prädikat „alternativlos" geben. Das ist in diesem Haus wirklich „systemisch" bedingt. Oh Mutti, es ist schon länger nicht zum Lachen. Da komme selbst ich ins Zittern. Ohne Alkohol.

Quelle: Dr. Strunz, News vom 09.11.2018, Gnadenlos

Fettsäuren –
sind es die kurzen?

Wir kurzen sollen es sein, also wir **kurzkettigen Fettsäuren**, die dafür sorgen, dass Homo Sapiens immer weniger anfällig wird. Der will möglichst immun sein gegen Krankheiten, Krankheitserreger und sonstige Geiseln der Menschheit. Das verstehen wir. Was wir jedoch weniger nachvollziehen können, ist, warum man uns kurzkettigen Fettsäuren, also zum Beispiel **Propionat** oder **Butyrat**, so gut wie nicht kennt. Seltsam, zumindest aus unserer Sicht.

Dabei haben wir neben der Stärkung des Immunsystems noch eine Menge mehr darauf: Wir beeinflussen positiv den Knochenstoffwechsel, machen Knochen stark. Wenn wir am Werk sind, vergeht sogar Bösewichten wie der Osteoporose der Spaß am Weitermachen. Gewusst?

Nein? Nicht schlimm. Dafür gibt es Spezialisten. Du musst dafür nicht in die USA oder so reisen. Nein, einige davon forschen und arbeiten in Erlangen. Du verstehst? Die haben eine Menge über uns veröffentlicht.

Quelle: Nature Communications, 2018, Erlangen, DOI: 10.1038/s41467-017-02490-4.

Im FORUM VITA steht: „Wenn das Immunsystem verrücktspielt, liegt das in vielen Fällen an einem Ungleichgewicht bestimmter Fette in unserer Ernährung. Das zeigen die wissenschaftlichen Erkenntnisse der letzten Jahre. Ein Übergewicht an langkettigen Fettsäuren aktiviert das Immunsystem zu sehr, so dass auch körpereigene Strukturen angegriffen werden, es kommt zu Autoimmun-Reaktionen. Kurzkettige Fettsäuren (SCFA) wirken dagegen dämpfend und regulierend auf das Immunsystem. Durch ballaststoffarme Ernährung kommt es zu einer Unterversorgung an SCFA. Durch gezielte Nahrungsergänzung mit einer der wichtigsten kurzkettigen Fettsäuren, **Propionat,** kann die Lücke geschlossen werden."

Quelle: www.forumvita.de

Die Ärztezeitung Online vom 16.01.2018 berichtet: Die kurzkettige Fettsäure **Butyrat** wird von Darmbakterien gebildet und ist die Hauptenergiequelle der Darmzellen. Daneben steuert Butyrat auch die immunologischen Abwehrkräfte des Darms und beeinflusst verschiedene Stoffwechselwege im ganzen Körper, zum Beispiel in der Leber oder im Gehirn."

Quelle: www.ärztezeitung.de vom 18.01.2018

So weit, so gut. Zusammengefasst entstehen wir kurzen Fettsäuren im Darm, **wenn** genügend Ballaststoffe gefuttert werden und die richtigen Darmbakterien am Werkeln sind. Die bauen dann aus den Fasern der Ballaststoffe uns kurzkettigen Fettsäuren. Eine geniale Einrichtung. Aber wie gesagt, wenn.

Das ist nicht nur beim Homo Sapiens so. Nein. Auch Gorilla und Stier mögen Ballaststoffe, Fasern, Gräser, Blätter. Sie fermentieren daraus uns Fettsäuren, uns guten, uns kurzkettigen.

Stell dir mal vor, Du wärst im Besitz eines voll intakten, **starken Immunsystems**. Siegfried, unser allseits bekannter Drachentöter, wäre stolz auf Dich. Krimhild hätte ihren Siegfried nicht verloren. Und Hagen, dieser Bösewicht, ... leiden würden darunter wahrscheinlich nur die Nibelungenfestspiele in Worms. Warum? Eine gute Story weniger.

Aber, viele guten Storys dafür mehr. Und manch eine Krankheitsakte würde keiner vermissen. Könnte man da nicht voll abheben? Ja, ja, wenn.

Freie Radikale –
gefährlich ohne Ende?

Wir haben gehört, die Radikalisierung in Europa sei in vollem Gang. Wie es in der restlichen Welt aussieht, sorry, da fehlt uns der Überblick. Eines können wir an dieser Stelle bereits festhalten: Sollte es von uns freien Radikalen zu viele geben, liegt das auch an fehlenden Vitaminen und Mineralien. Und an den sogenannten leeren Kohlehydraten. Die sind dagegen häufig im Überfluss vorhanden. So sehen wir das. Ganz wertfrei.

Die Verbraucherzentrale beschreibt uns mit leicht warnendem Unterton so: „Antioxidantien bieten Schutz gegen sogenannte "freie Radikale". Diese freien Radikale werden zum einen vom Körper selbst während verschiedener Stoffwechselprozesse gebildet, zum anderen entstehen sie durch schädliche äußere Einflüsse wie Zigarettenrauch, Umweltgifte oder UV-Strahlung der Sonne."

Quelle: www.verbraucherzentrale.de/antioxydantien-helfer-gegen-freie-radikale

Der Physiker formuliert dies anders: Entweder eine Elektronenhülle ist abgesättigt (stabil), oder sie ist nicht abgesättigt (freie Radikale). Verständlich?

Ich versuche ein einfaches Beispiel zu geben: Was passiert, wenn freie Radikale eingefangen werden? Nichts mehr. Gefahr beseitigt. Und wer ist für dieses Einfangen verantwortlich? Jawohl, die Polizei. Betrachtet man nun den menschlichen Organismus, dann gibt es auch da eine Art Polizei. Man nennt es **Immunsystem.** Wenn dieses voll funktioniert ist die Welt in Ordnung. Zumindest für Homo Sapiens. Noch Fragen?

Kommen wir zurück zu dem Adler, der da oben herum schwebt. Wie macht der das eigentlich? Aus unserer Sicht als freie Radikale ist der einfach nur klug: Er sorgt für ein kompetentes Immunsystem und versteht sich darauf, Gifte zu meiden. Das Ergebnis kann sich sehen lassen.

Quelle: SPIEGEL Nr. 26 vom 22.06.19, S. 104

„Schwelbrand im Gehirn" lautet ein Artikel im SPIEGEL. Übrigens, so weit wir das übersehen, kann man den Status des Immunsystems ganz gut messen. Schon mal was von Aminogramm und Vitaminspiegel gehört? Und die Gifte sind auch keine Unbekannten mehr: Zigarettenrauch, UV-Strahlung der Sonne, Umweltgifte, leere Kohlehydrate. Unser Fazit: Dort wo es eigentlich kaum noch Unbekannte gibt, kann das Lösen einer Gleichung nicht so furchtbar schwierig sein. Zumindest nicht in der Mathematik oder in den Naturwissenschaften. Ob das allerdings auch für die

Politik gilt? Wir haben da unsere Zweifel. Vielleicht haben wir auch den Titel „Schwelbrand im Gehirn" nicht richtig verstanden. Nichts ist unmöglich.

Oder nicht richtig (zu-)gehört? Die Altersschwerhörigkeit geht wohl auch mit auf unsere Kappe. Obwohl das aus unserer Sicht nicht unbedingt und in jedem Fall so sein müsste. Wir erinnern nur an die Kombination von Antioxydantien wie den Vitaminen A, C und E sowie durchblutungsförderndem Magnesium. Zumindest Ratten konnten nach der Einnahme merklich besser hören.

Aber ist leichte Schwerhörigkeit wirklich so schlimm? Stell dir mal vor, eine Welt mit weniger Fluglärm, kaum noch BAB-Lärm, geringerem Lärmpegel bei vorbei rauschenden Güterzügen. Einfach nur schön. Und selbst auf der Autofahrt in den wohlverdienten Urlaub mit dem Partner deiner Wahl kannst Du als Beifahrer stundenlang tief in dich gekehrt vor dich hin lächeln und wie im Flow eine himmlische Ruhe genießen. Allerdings, wie alles hat auch dies hier zwei Seiten. Vergiss nicht ab und zu mal „hm", „"aha", „ja ja" oder so zu sagen. Du verstehst?

Glaube –
sich geborgen fühlen?

Auch ich sehe mich als Diamant. Jawohl. Oder bist Du ein Ungläubiger? Wenn ja, ist das für mich okay. Ich habe damit kein Problem, kann auch ohne dich gut leben. Aber Du? Wie sieht es mit dir aus?

In Jesaja 40,31 steht: ... aber die auf den Herrn harren, kriegen neue Kraft, dass sie auffahren mit Flügeln wie Adler, dass sie laufen und nicht matt werden, dass sie wandeln und nicht müde werden."

Quelle: www.bibleserver.com/jesaja 40,31

Nun eine kurze Frage? Glaubst Du, Homo Sapiens, dass ein Jan Frodeno, oder einer seiner Gleichgesinnten, ein Ungläubiger ist? Glaubst Du wirklich, dass solche Leistungen immer wieder erbracht werden können, wenn dahinter nicht ein echter, aufrichtiger Glaube steht?

Glauben tut übrigens jede/r. Die/der eine an den Urknall – bumm – und die Welt war geschaffen. Die/der andere an einen Schöpfer oder ein Schöpferin, wie immer Homo Sapiens es bezeichnen möchte. Vielleicht hilft auch ein Blick zurück ins Jahr 1783. Du erinnerst dich? Im Drama „Nathan der Weise" von G.E. Lessing erklärt der jüdische Kaufmann Nathan dem muslimischen Sultan die Gleichwertigkeit von Judentum, Christentum und Islam. Das war bereits 1783! Gläubig zu sein ist in Europa in den letzten Jahrzehnten etwas ins Hintertreffen geraten. In Europa. Aber die Welt besteht nicht nur aus diesem relativ kleinen Kontinent. Könnte gläubig sein nicht auch heißen, über Wunder zu staunen? Eine Welt voller Wunder. Unsere Welt. Eine andere haben wir nicht.

Ein solches Wunder sind auch Leistungen wie die von Jan Frodeno. Irrsinn, zumindest für die, die die Welt aus dem Blickwinkel einer Ameise betrachten. Ein Adler, der die Kraft des Aufwindes nutzt, sieht das anders. Er weiß Bescheid. Segeln im Aufwind – Flowen.

Dem Wind vertrauen. Sich geborgen fühlen. Jeder Embryo kennt das Gefühl. Ich habe gehört, dass einer der Sinnsprüche für Konfirmanden lauten soll: „All euer Sorgen werfet auf den Herrn, denn er sorgt für euch." Stark, einfach nur stark. Stell dir mal vor, Du glaubst daran, dass es so einen Herrn oder Frau gibt. Ja? Wie würde dann dein Schlaf aussehen? Unruhig? Nein. Schlafprobleme? Passé.

Ich, der Glaube, sage dir, Du darfst.

Glutamin –
macht's die Muskelmasse?

Hallo, ich bin auch eine Aminosäure, eine zwar nicht-essentielle, aber eine, die es in sich hat. Warum? Weil sich zum Beispiel schon Diktatoren und Kaiser vor mir fürchteten. Cäsar wird der Spruch zugeschrieben: „Lasst wohlbeleibte Männer um mich sein." Er war ein gebildeter Mensch, wusste, dass dicke Männer früher sterben. Denn wären sie gesund, fit, mental stark gewesen, hätten sie eine größere Gefahr für Alleinherrscher darstellen können. Tja, so einfach ist das.

Als nicht-essentielle Aminosäure müssen wir nicht unbedingt von außen über die Nahrung zugefuttert werden. Nein, prinzipiell nicht, da wir, wenn alles okay ist, in den Muskeln mit produziert werden. Wir sind sowohl Baustoff als auch Brennstoff für die Immunzellen. Diese mögen nämlich keinen Zucker, sondern verbrennen uns, also Glutamin. Eine an sich geniale Konstruktion des Körpers. Nur, wenn Homo Sapiens zum Beispiel von einer Krankheit gepeinigt wird, müssen wir voll her halten, das heißt, aus den Muskeln wird sehr viel mehr Glutamin entnommen und den Immunzellen zur Verfügung gestellt. Summa summarum, wenn wir knapp werden, macht das Immunsystem schlapp. Also könnte es vielleicht Sinn machen, dass Homo Sapiens in Krisenzeiten den einen oder anderen Löffel Glutamin nachfuttert. Könnte gut sein für den Aufbau und die Aktivität der Immunzellen.

Könnte, wenn es da nicht auch andere Stimmen gäbe. Die nehmen wir zwar durchaus ernst, aber auf der anderen Seite ... Homo Sapiens soll sich einfach ein eigenes Bild machen und entscheiden, was er für gut hält. Ein Dr. Dotzauer, kein Freund von mir, meint zum Beispiel, ich zitiere:

„Hilft L-Glutamin beim Muskelaufbau? Glutamin wird gerne empfohlen, um Muskeln aufzubauen. Viele Trainierende mischen sich deshalb L-Glutamin als Pulver in ihre Shakes. **Glutamin hat jedoch keine positive Wirkung auf den Muskelaufbau**." An anderer Stelle meint er: „Es gibt **keinerlei Effekte auf Muskelmasse und Leistung in Kombination mit Krafttraining im Vergleich zum Placebo**." Nur zum Verständnis: Über den Fettdruck hat Dr. Dotzauer entschieden.

Quelle: www.drdotzauer.de

So, ist jetzt alles klar? Für mich schon, denn ich weiß um meine Qualitäten. Andere sind da auch schon darauf gekommen: HIV-Infizierte. Als diese Geißel der Menschheit sich breit machen wollte, wurden schnell Testapparaturen angeworfen und mit der Frage gefüttert, wie man möglichst schnell neue Muskelmasse aufbauen kann. Und die Ergebnisse ließen nicht allzu lange auf sich warten. Kein Wunder, wusste man doch bereits seit längeren, dass mit steigendem Glutamingehalt des Muskels auch mehr Muskeleiweiß aufgebaut wird. Immer noch nicht voll überzeugt? Okay, hier die Ergebnisse von drei Studien:

- In der Schabert-Studie fand sich ein Zuwachs von 1,9 kg Muskelmasse in 12 Wochen mit 15 g zusätzlichem Glutamin.
- In der Nissen-Studie mit 14 g Glutamin + Arginin + Aminosäuren nahm die Muskelmasse um 3,25 kg in 8 Wochen zu. Die Studie war sogar doppelblind placebokontrolliert.
- Eine Studie des Medios Centrums Berlin zeigt bei 33 Teilnehmern mit 5 g Glutamin täglich einen Muskelzuwachs von 1,2 kg in den ersten 4 Wochen und 3,2 kg nach 8 Wochen.

Quelle: Dr. Strunz, News vom 24.07.2018, Es ist der Muskel, stupid

Noch Fragen? Gut. Zum Abschluss ein kleiner Hinweis. Homo Sapiens, das Verhältnis zwischen Muskelmasse zu Körperfett, vor allem dem inneren Bauchfett, bestimmt ganz wesentlich deine Lebensqualität. Du denkst immer noch, dass es ab 30 Jahre bergab gehe? Ja? Richtig. Aber nur wenn im Laufe der Jahre die Muskelmasse so peu a peu schwindet und die Hüftpolster dafür zunehmen. Muss nicht sein, sowohl das eine als auch das andere.

Ich als Glutamin denke, darüber könnte man durchaus mal meditieren. Und wenn ich mir vorstelle, dass vorschnelles Altern nicht unbedingt sein muss, könnte ich ... abheben wie ein Adler.

Quelle: www.healthtribune.eu

Hormone des Glücks –
wirklich kostenlos?

Ist das nicht ein schöner Name? Kennst Du Frau Prof. Pert, eine führende Immunologin dieser Welt? Starke Frau, hat die Endorphine mit entdeckt. Peptide, Ketten von Aminosäuren, die sie „Moleküle der Gefühle" genannt hat. Die kannst Du selbst produzieren, durch LAUFEN. Es ist allseits bekannt, dass wir Glückshormone, aber auch Serotonin, ausgeschüttet werden durch körperliche Bewegung. L.E.B.EN läuft eben weiter.

Serotonin ist manchen auch bekannt als das Chefhormon. Ist verantwortlich für gute Laune und wirkt wie so eine Art Abstandhalter von Problemen. Das bedeutet, wenn Du genug von mir hast, Überblick und Souveränität. Genau wie der schwebende Adler, der da oben. Du willst wissen, wie ich gebaut bin? Okay. Einfach gesagt nehme man eine Prise Tryptophan, Zink, Magnesium, Vitamin D und ... fertig bin ich. Übrigens ist es häufig so, dass ein einziger Stoff allein nicht ausreicht. Ein Cocktail sollte es schon sein. Es ist wie in der Küche. Ein Lafer, Keller, Melzer und Freunde wissen genau, was sie verwenden. Und es kommt natürlich auch auf die Dosierung an. In meinem Fall ist es nicht allzu schwierig, da oben genannte Zutaten allesamt messbar sind.

Kommen wir nun zum sogenannten Normalbereich. Der Mittelwert für Tryptophan, eine essentielle Aminosäure, für durchschnittlich gute Laune, liegt bei 81 µmol/l. Der Normalbereich soll von 36 µmol/l bis 125 µmol/l gehen. Aber was heißt schon normal. Ich habe noch keine/n gesehen, die/der 145 µmol/l im Blut hatte und schlecht drauf war. Okay, so viel dazu. Einer der größten Widersacher von Tryptophan ist Stress. Wundere dich nicht, dass dein Wert voll in den Keller geht, wenn Du dich richtig aufregst. Und wenn Du ein Typ bist, der häufig aus der Haut fährt, dann sollten die Alarmglocken läuten. Souveränität sieht anders aus.

Interessant finde ich, dass Psychologen sich wohl nicht so gerne mit uns beschäftigen. Die Zeitschrift PSYCHOLOGIE fragt zwar: „Schnell wütend?" Nett zu lesen. Auch der Test „Sind Sie schnell auf 180?" kann Aufschlüsse über das eigene Wutverhalten bringen. Aber warum die Autorin Peggy van der Lee so absolut gar nichts mit der Molekularbiologie im Sinn hat, kann ich nur schwer nachvollziehen. Na ja, vielleicht liegt es an ihrem Serotonin-Spiegel. Du verstehst? Flow und Glückshormone – das ist für mich wie die Frage nach Ei und Henne. Wer war zuerst?

Quellen:
PSYCHOLOGIE, Heft Juli/August 2019, S. 16 ff
Dr. Strunz, NEWS vom 03.12.2018 und 26.03.2019

Immunsystem –
ein Schläfer?

Gestatten „IS", wie ich im Freundeskreis gerne genannt werde. Warum? Weil ich ein Schläfer bin. Homo Sapiens merkt lange nichts von mir. Nur im Ernstfall sieht es dann anders aus.

Wiki definiert mich ganz seriös: „Als Immunsystem (lateinisch immunis ‚unberührt, frei, rein') wird das biologische Abwehrsystem höherer Lebewesen bezeichnet, das Gewebeschädigungen durch Krankheitserreger verhindert. Es entfernt in den Körper eingedrungene Mikroorganismen, fremde Substanzen und ist außerdem in der Lage, fehlerhaft gewordene körpereigene Zellen zu zerstören. Das Immunsystem ist ein komplexes Netzwerk aus verschiedenen Organen, Zelltypen und Molekülen und der zentrale Forschungsgegenstand der Immunologie."

Quelle: www.wikipedia.de/immunsystem

Was ich, also dein Immunsystem, wirklich nicht verstehe, ist, warum manche deiner Zeitgenossen, Homo Sapiens, so wenig freundlich mit mir umgehen. Die einen lassen mich verhungern, weil sie absolut nichts für ihre Muskeln tun und lieber auf der Couch herumlümmeln. Die anderen jammern den ganzen Tag über, wenn ich im Krankheitsfall in die Knie gehe und schlapp mache. Ja glauben die denn, ich bräuchte nicht auch mal etwas Futter. Und wenn es auch nur mal einige Esslöffel Glutamin wären. Ich wäre so dankbar dafür.

Von der freien Radikalen ganz zu schweigen. Die halten mich unentwegt den ganzen Tag auf Trab und sorgen dafür, dass es bei uns wirklich nie langweilig wird. Das kann auf Dauer das stärkste Pferd nicht verkraften. Es sei denn, man kümmert sich um uns. Okay, ich gebe zu, als Ganzes, also als System betrachtet, sind wir ganz schön komplex. Da kann der eine oder andere aus der Kategorie „Dieu en Blanc" ins Schwitzen kommen, insbesondere wenn die letzte Weiterbildung schon einige Zeit zurück liegt. Und dann noch all diese Fachliteratur, meist auf Englisch. Wo soll man denn nur die Zeit her nehmen? Allein die Pharma-Werbebroschüren überfliegen. Zeitfresser ohne Ende.

Da es hier in diesem Buch auch um die Themen Flow, Abheben, Aufwinde nutzen, Fliegen geht, will ich nur eines hinzufügen: Wenn Homo Sapiens sich nicht intensiv um mich kümmert, kann er all die möglichen Glücksmomente vergessen. Das klingt hart, ich weiß, aber Fakt ist Fakt.

Jod –
du erinnerst dich?

Gut dass mich so gut wie jeder kennt. Stichwort „Schilddrüse". Alles klar? Von wegen kann ich nur sagen. Bei meinem Thema gibt es fast täglich richtig Neues. Obwohl, manches ist gar nicht so neu. Vielleicht hat man mich in der Vergangenheit einfach nicht richtig ernst genommen. Um eines vorweg zu nehmen: Ich, also Jod, kann das Gehirn von Homo Sapiens vor einer zunehmend vergifteten Umwelt schützen. Daraus folgere ich, je größer der Jodmangel bei dir, desto größer ist das Risiko, dass dein IQ darunter leidet. Verstanden? Nichts „hä?". Ich sage nur Jodmangel.

Quelle: www.wikipedia.de/immunsystem

Von bundesrepublikanischen Gefilden ist bekannt, dass die Böden mittlerweile nicht gerade mit mir, also Jod, gesegnet sind. Finde ich ungerecht. Aber was soll's. Andere Völker haben gelernt, nicht zu lamentieren, sondern die richtigen Schlussfolgerungen zu ziehen. Zum Beispiel die Japaner. Die füttern mich einfach ganz ordentlich bei. Wer sich da mal schlau macht, wird kaum mehr aus dem Staunen heraus kommen: Tägliche Dosen von bis zu **200 mg.** Das ist ein x-faches von dem, was deutschen Erwachsenen die DGE empfiehlt: **200 – 300 µg/Tag**. Du liest richtig:

µg/Tag. Der Jod-Spiegel der DGE-Oberen konnte leider nicht ermittelt werden. Schade.

Quelle: www.dge.de/jod

200 – 300 µg/Tag. Kaum zu glauben. Vor allem wenn man sich die Liste der Themen und Redner des 2. Deutschen Jod-Kongresses mal durchschaut. Aus meiner Sicht die Creme de la Creme:

Prof. Dr. Gärtner, der Jod-Papst Deutschlands
Dr. Elio Torremante: Jod und Krebs
Dipl.oec.troph. Ulrike Gonder: Synergien von Fettsäuren, Jod, Selen, Vitamin A"
Dr. Bettina Hees, Algenexpertin
Dr. Firoz Sojitrawalla, Jod-Diagnostik heute

Quelle: www.tisso.de/2. Deutscher Jod Kongress

Ob PISA, IGLU und TIMSS etwas mit Jodmangel zu tun haben, würde ich nach dem neuen Wissen über mich prinzipiell nicht ausschließen. Fakt ist, dass man über mich mittlerweile eine Menge weiß. Und ich bin mir sicher, dass eine helle Birne jeder/jedem weiter hilft, echte Glücksmomente im Leben zu finden und zu genießen. Ganz ohne Nebenwirkungen, ohne Speed, Crack und all die Designerdrogen unserer Zeit.

Quelle: www.sueddeutsche.de/.../bildungsstudien-in-deutschland-pisa-iglu-timss-1.15475...11.12.2012

Kaiser Natron –
weiß der Affe mehr?

Gestatten Natron, Kaiser Natron. Du findest mich ganz einfach, zum Beispiel in Drogeriemärkten. Und wenn ich für dich kein Fremder bin, dann kannst Du meine Wirkung jederzeit messen. Stichwort pH-Wert im Urin. Ist der unterirdisch, sind Flows in weite Ferne gerückt. Oder hast Du schon einmal jemand auf dem Siegertreppchen angetroffen, der eine akute Entzündung der Prostata oder der Harnblase hatte? Sehr unwahrscheinlich. Der hat Besseres zu tun als in die Gegend rum zu rennen, zu radeln oder zu kraulen.

Ich muss gestehen, ich habe ein etwas gestörtes Verhältnis zu einigen Vertretern der etablierten Urologenkaste. Warum? Weil die der Pharmaindustrie mit ihren Antibiotika mehr Vertrauen schenken als mir. Aus meiner Sicht ist das völlig unverständlich. Und auch wenig kundenorientiert. Nur so ganz nebenbei: Antibiotika sind Gift für die Darmflora von Homo Sapiens. Und die soll wiederum ganz schön wichtig für die Gesundheit, das Wohlbefinden und auch die Leistungsfähigkeit sein. Aber, das ist ein anderes Thema und soll hier nicht weiter vertieft werden.

Neulich wurde ich gefragt, ob eigentlich Schimpansen chronische Blasenentzündungen oder

Prostatabeschwerden kennen. Ich hatte auf die Schnelle keine plausible Antwort parat und habe nachgedacht. Was futtert so ein Schimpanse in der freien Natur? Viel Grünzeug, ab und an rohes Fleisch. Ernährungswissenschaftlern wäre sofort klar, dass es sich hier um einen Basler handeln muss. Basler? Einer, der sich basisch ernährt. Strunzianer interpretieren dies als genetisch korrekt, also Eiweiß plus Fett plus Gemüse.

Kommen wir zurück zu den unangenehmen Entzündungen im Unterhaus. Könnte es sein, dass sich Bakterien in einem sauren Milieu recht wohl fühlen? Wenn der Geplagte einen sehr niedrigen pH-Wert in seinem Urin misst, sollten alle Alarmglocken schrillen. Ich bin mir sicher, dass der, der täglich seinen pH-Wert kontrolliert, entweder beruhigt ist und gut schläft, oder seinen beunruhigenden Zustand kennt und nun selbst entscheiden kann, was er tut. Es gibt viele Möglichkeiten: Abwarten, hoffen, zum Arzt rennen, sich krank schreiben lassen, zur Apotheke gehen, sein Rezept mit Antibiotika einlösen einschließlich Zuzahlung von 5 Euro. Oder er investiert diese in 250 Gramm Kaiser Natron zu 4,48 Euro. Eigentlich kein schlechtes Geschäft. Für dich. Aber, das muss natürlich jeder für sich ganz allein entscheiden. Das gilt übrigens auch für den Einkaufszettel. Ich frage nur: Was futtert unser nächster Artverwandter, der Schimpanse?

K2 –
sind plus 12% nichts?

Ich, K2, bin ein Vitamin. Und ich lasse mich hier an dieser Stelle ganz seriös vorstellen. Oder hältst Du die Deutsche Apotheker Zeitung nicht für vertrauenswürdig? Spaß beiseite. Die sagen: „Vitamin K gehört wie auch Vitamin A, D und E zu den fettlöslichen Vitaminen. Es spielt unter anderem eine wichtige Rolle bei der Synthese der Blutgerinnungsfaktoren, der Regulation des Knochengewebes und zellulärer Wachstumsprozesse sowie beim Erhalt der Gefäßintegrität."

Quelle: www.deutsche-apotheker-zeitung.de/Vitamin K2 – das neue Wundervitamin

Wundervitamin? Klingt marktschreierisch! Und das in der Apotheker Zeitung. Wie kommen die darauf? Gibt es überhaupt Wunder? Homo Sapiens würde je nach Glaubensausrichtung sagen, okay!? Also, wenn zum Beispiel Banken für Sparguthaben 12% Zins geben würden, könnte man bei der momentanen Niedrigzinspolitik durchaus von einem Wunder sprechen. Oder nehmen wir einen Fall aus dem Leistungssport: 12% Steigerung, in 8 Wochen, ohne zusätzliche Trainingseinheiten? Wäre Wahnsinn. Oder ein Wunder. Nicht wahr?

Kenner meinen, dass ich, also das Vitamin K2, eine besondere Rolle spiele bei der Produktion von ATP, Adenosintriphosphat oder einfach ausgedrückt Lebensenergie. Der menschliche Körper produziert davon täglich eine ganze Menge. Jetzt stelle dir nur einmal vor, da kämen 12% dazu. Also, ich spreche von Lebensenergie. Das ist kein Märchen. Trainierte Sportler waren aufs Fahrrad-Ergometer gesetzt worden, die eine Gruppe mit täglich 300 µg K2, die andere bekam nichts.

Quelle: Altern Ther Health Med. 2017 July; 23(4):26

Also wenn ich bei der Placebo-Gruppe dabei gewesen wäre, hätte dieses Ergebnis einige Falten mehr auf meiner Stirn produziert. Apropos Falten: Wusstest Du, dass die Kombination von Vitamin D, bekannt als das Sonnenvitamin, und mir, bei richtiger Dosierung, mit Falten in den Clinch geht. Das war übrigens schon 2017 bei einem Arzt nachzulesen, der meines Wissens wenig Wert auf Falten legt.

Quelle: Dr. Strunz, News vom 29.05.2017, Vitamin K2 gegen Falten

Also, wenn das alles nicht ein Grund ist, sich über diese Möglichkeiten zu erfreuen und gegebenenfalls abzuheben, dann verstehe ich die Welt nicht mehr.

Leucin –
abnehmen ganz leicht?

Du erinnerst dich an mich? Okay, ist nicht schlimm. Ich wiederhole es gerne: Ich bin eine essentielle Aminosäure, eine aus der Trias BCAA (Branched Chain Amino Acids). Leistungssportler, also die echten Champs, kennen mich bzw. uns, da es ohne uns mit Muskelaufbau und Regeneration schwierig wird. Und, nicht vergessen, als essentielle Aminosäure müssen wir über die Ernährung zugefuttert werden. Sorry, geht nicht anders. Es sei denn, Du bist nicht allergisch gegen Nahrungsergänzungsmittel.

Wo findest Du mich? In Erdnüsse, Käse, Thunfisch, Rinderleber, Erbsen, Hühnerbrust, Sojabohnen, Milch, Lachs, Reis. Also, daraus kann man doch was ganz Ordentliches auf den Tisch bringen. Oder?

Gut. Aber warum sollte sich Homo Sapiens für mich interessieren, wenn er kein Leistungssportler ist? Gute Frage. Wenn Du mit deinem Gewicht absolut zufrieden bist, sich keine Ringe im Laufe der Jahre um deine Hüfte versammelt haben, Muskelmasse nicht durch Hüftgold ersetzt wurde, dann gibt es sicher andere Themen, die für dich interessant sein könnten.

Wenn Du allerdings zu denen gehörst, die gerne mal ein paar Kilos loswerden wollen, dann solltest Du dich mit mir beschäftigen. Denn, so wie es aussieht, kann ich dir dabei helfen.

Natürlich hat man auch mich in den letzten Jahrzehnten gründlich erforscht. So zum Beispiel 2007 an der University of Columbia. Und wie das so üblich ist, wurde Mäuse als Versuchskaninchen genommen. Ich fasse mich kurz: Man hat einfach die normale tägliche Ration an Leucin verdoppelt und geschaut was passiert. Wahnsinn! Nach 10 Wochen sind die Pfunde nur so gepurzelt. Voraussetzung allerdings, der Fettanteil an der Ernährung betrug mehr als die Hälfte. Die Erfolgsformel scheint ganz simpel zu sein: Du futterst ganz viel (gesundes) Fett, dann verbrennst Du ganz viel davon, plus das, was Du auf der Hüfte gehortet hast. Ergebnis: Du kannst deiner Waage vertrauen. Sie lügt nicht.

Quelle: www.aesirsports.de, Aminosäure Leucin als Fettburner?

Stell Dir jetzt mal vor: Du bewegst dich tagtäglich mit dem von dir gewünschten Idealgewicht. Ich garantiere Abheben und Fliegen wird um einiges leichter. Im wahrsten Sinne des Wortes.

Lithium –
Hellmacher par Excellence?

Was trinkst Du so täglich? Hoffentlich viel Wasser. Gut so. Und welches? Fachinger? Heppinger? Hirsch-Quelle? Still? Super. Dann kann ich mir vorstellen, dass Du meist gut drauf bist, Depris oder so für dich Fremdworte sind. Glückliche/r.

Bitte jetzt nicht erschrecken. Ich gehöre zur Gruppe der Alkalimetalle, bin ein sogenanntes Leichtmetall, das als Spurenelement in Salzform ein häufiger Bestandteil von Mineralwasser ist. Meine medizinischen Wohltaten sind in Fachkreisen bekannt und allseits geschätzt. Vor allem von Vertretern des Homo Sapiens, die mal nicht so gut drauf sind, und das Glück haben, mit mir Bekanntschaft machen zu können. Leider bin ich als Bestandteil von Mineralwasser in Apotheken nicht zu bekommen, auch nicht auf Rezept. Die Konsequenz: Mich gibt es nicht kostenlos. Auch die Krankenkassen weigern sich meine Anschaffungskosten zu übernehmen. Warum? Verstehe ich absolut nicht. Aber das muss ich auch nicht. Wenn ich Gesundheitsminister wäre, wüsste ich, was zu tun ist. Merkwürdig, dass man von dem SPD-Gesundheitsexperten, Prof. Lauterbach, so gut wie nichts über mich hört. Eigentlich müsste der sich für das Wohlergehen der sogenannten kleinen Leute einsetzen. Vielleicht käme das dann auch den Mitgliederzahlen der SPD zugute.

Okay, als Leichtmetall muss ich mich nicht mit Politik beschäftigen. Ich bleibe lieber bei den Fakten. Und die wären in meinem Fall:

- ich schwimme in manchen Trinkwassern
- ich verstecke mich in Milch, Fleisch, Eiern, Pflanzen
- ich bin in der Natur schwierig zu finden, bzw. in manchen Regionen verschwunden
- ich bin gut für Nerven, Blut und Gehirn
- ich wirke gegen Angst, Depressionen
- man nennt mich auch Anti-Schweinehund.

Und wer all das nicht glaubt, sollte mal in die Rheinpfalz Zeitung schauen. Selbst dort in der Provinz sind die auf mich aufmerksam geworden.

Quelle: Rheinpfalz Zeitung vom 17.06.2018, S. 17

Falls Du also an Höhenflügen, guter Laune und Spaß am Leben interessiert sein solltest, bei mir bist Du absolut richtig. Da gibt es kaum was falsch zu machen. Übrigens, die Quelle Lithia-Springs in den USA galt bei den Ur-Einwohnern als heilige Stätte. Kein Wunder, dass bereits Mark Twain und Präsident Roosevelt dort hin pilgerten. Die wussten schon warum.

Myokine –
echte Scharfmacher?

Schon was von uns gehört? Ja? Dann macht mich das glücklich. Nein? Dann wird es schleunigst Zeit. Denn es geht um nicht weniger als deine Gesundheit, Homo Sapiens.

Ich bin entdeckt worden von der dänischen Forscherin Bente Klarl und Pedersen von der Universität in Kopenhagen. So ab 2007 ging es los. Man untersuchte welchen Einfluss Sport auf das Immunsystem hat. Nach dem Training maß sie im Blut der Probanden einen Anstieg einer Substanz namens Interleukin 6 (IL-6). Interleukine spielen bei der Regulation von Entzündungsreaktionen im Körper eine wichtige Rolle. Das entdeckte IL-6 wurde aber nicht von den Immunzellen produziert. Pedersen und ihr Team suchten nach dem Ursprung des Interleukins und fanden heraus, dass die Muskelzellen den Stoff herstellten. Heute weiß man, dass bis zu 600 Wundermoleküle tätig sind. Diesen gab sie den Namen „Myokine" – abgeleitet von den griechischen Wörtern für „Muskel" und „Bewegung".

Und was meinst Du dazu? Phänomenal. Bekanntlich stinkt Eigenlob. Aber in diesem Falle haben wir Myokine wirklich allen Grund, auf uns stolz zu sein. Wer mehr über uns erfahren möchte, kann gerne zum Beispiel mal auf die Webseite von Focus Arztsuche gehen. Ein guter Einstieg.

Quelle: www.focus-arztsuche.de, Myokine – die Heilkraft der Muskeln.

Wir machen das Immunsystem scharf, richtig scharf. Der Immunologe Prof. Dr. Gerhard Uhlenbruck, ein alter Hase, findet auf die ihm eigene Art immer wieder die richtigen Worte:

"Was unsere Gesundheit anbetrifft, so spielt die Masse unserer Muskeln eine zentrale Rolle. Wir können nicht nur flüchten mit ihnen oder uns mit Fäusten wehren, nein, wir können den Kampf ums Dasein auch gesund überstehen: Unsere Muskeln sorgen dafür".

"Etwa 70% aller Krankheiten könnten durch regelmäßiges sportliches (Muskel-) Training verhindert werden".

"Alle Kraft, auch die geistige, geht vom Muskel aus! Und jede Form von Abwehrkraft gegen innere und äußere Feinde auch!"

Quelle: www.healthtribune.eu

Falls Du wirklich mal abheben, fliegen möchtest, Du weißt Bescheid. Wir sind dabei.

Mineralien und Co.
komplett auf Spur?

Also wer glaubt, es käme nur auf die richtigen Fette und Vitamine an, der irrt gewaltig. Wir Mineralien und Spurenelemente sehen das ganz sportlich, vielleicht vergleichbar mit einem Triathlon. Jawohl Triathlon. Warum: Weil es auch dort darauf ankommt, in drei unterschiedlichen Disziplinen Spitze zu sein: Schwimmen, Radfahren und Laufen. Bezüglich der Gesundheit von Homo Sapiens heißt dies: Vitamine, Mineralien/Spurenelemente und Säuren. Auf uns alle kommt es letztendlich an. Was hat der weltbeste Schwimmer im Triathlon davon, wenn er beim Radfahren spätestens am Berg auf ein E-Bike umsteigen muss? Nichts. Genau das ist der Punkt. Zumindest sehen wir das in unserer Familie so.

Wer?	Ist wichtig für ...
Calcium	Wachstum und Neubildung von Knochen und Zähnen
Eisen	Transport von Sauerstoff, Energiegewinnung
Kalium	Übertragung elektrischer Impulse an Nerven und Muskelzellen
Magnesium	Entzündungshemmend, krampflösend, Stresssalz
Natrium	Elektrisches Zellpotenzial für Nervenleitung, Herzrhythmus
Kupfer	Abwehrsystem, Wundheilung, Aufbau

	Knochen, Haut, Haare
Chlorid	Magensäure, osmotischer Druck
Chrom	Starkes Oxidationsmittel, wirkt bei erhöhtem Blutzucker
Jod	Schilddrüsenhormone und für den Stoffwechsel
Mangan	Alle Körperzellen und HPU-Störung
Molybdän	Eisen, Harnstoffwechsel und Enzymstoffwechsel
Selen	Allgemeine Mängel und Schilddrüse
Zink	Haut, Eiweißstoffwechsel und Enzyme
Nickel	Baustein für Eiweiße und Eisenaufnahme
Lithium	Gehirnstoffwechsel, Stimmungslage
Kobalt	Bestandteil von B9 undB12
Fluorid	Stoffwechsel, aber nur in homöopathischen Spuren
Silizium	Regeneration von Knochengewebe, Haut und Haare
Rubidium	Schwangerschaft und im zentralen Nervensystem
Vanadium	Mineralisation der Knochen, reguliert Zuckerstoffwechsel
Phosphor	Aufbau der Zellwände, mitverantwortlich für die Erbsubstanz
Schwefel	Aufbau von Nägeln, Haaren und Haut, Entgiftung

Wer hat mitgezählt? 22. Richtig! Wir Mineralien und Spurenelemente sind eine richtiges Team. Und wie bei jedem Team gilt auch bei uns: Wir sind nur so stark wie unser schwächstes Glied. Tja, was gibt es dazu noch mehr zu sagen? In diesem Sinne viel Erfolg bei eurem persönlichen Triathlon.

Omega 3/6
auf die Mischung kommt es an

Der Salzburger Gesundheitscoach und Fleißarbeiter Jürgen Lueger hat sich auch meiner Familie Omega 3 und Omega 6 Fettsäuren angenommen und versucht, mit wenig Worten viel zu sagen. Ist ihm gelungen, finden zumindest wir. Sauer soll bekanntlich lustig machen. Und ohne Lust und Spaß ist auch bei einem Triathlon kein Blumentopf zu gewinnen. Wird euch jeder Athlet bestätigen, unabhängig davon ob er bei 18°C oder 39°C unterwegs ist. Er wird euch aber noch mehr über uns berichten können:

Wer?	Kümmert sich um was?
Omega 3	Hormonaufbau, entzündungshemmend
Omega 6	Aufbau von Zellmembranen, Vorläufer von Botenstoffen

In **„Die Uhr tickt"** wurde über uns gesagt: „Ich, das **Fett**, habe lange unter meinem schlechten Ruf gelitten. Zugegeben, bei keinem anderen Nahrungsbaustein liegen **Gut und Böse** so eng beieinander. Es gibt absolut gesunde Fette, aber auch Killerfette. Grundsätzlich gilt, dass es nicht so sehr darauf ankommt, wie viel von mir gefuttert wird, sondern welche Art. Das sieht man zum Beispiel bei **Omega-3**, das in einem bestimmten Verhältnis zu seinem Kontrahenten **Omega-6** stehen sollte. Nicht entweder ohne, sondern die Dosierung macht es. Auch hier.

Wir Omegas können übrigens im Blut gemessen werden. Ich sage nur **Omega-3-Index**. Kostet nicht einmal so furchtbar viel, den messen zu lassen.

Warum ist der HS-Omega-3 Index® so wichtig? Ich lasse am besten andere für uns sprechen: „Der HS-Omega-3 Index® wird in roten Blutkörperchen mit einer speziellen und spezifischen Analytik bestimmt und spiegelt den Anteil von Eicosapentaensäure (EPA) und Docosahexaensäure (DHA) in wichtigen Organen, wie z.B. dem Herzen. Dies gilt für eine stabile Ernährung genauso, wie für eine Ernährungsumstellung, z.B. nach erhöhtem Verzehr von Omega-3 Fettsäuren. Ein HS-Omega-3 Index um 10%, d.h. zwischen 8 und 12% gilt als optimal."

Quellen:

Jürgen Lueger, Glauben Sie noch an den Weihnachtsmann? Das Handbuch für mehr Wohlbefinden und Gesundheit, Dezember 2015

www.omegametrix.eu/HS-omega-3-index

www.ugb.de, Was ist und wozu dient der Omega-3-Index?

Oxytocin –
der erste Blick?

Warst Du schon einmal verliebt? Sorry für diese indiskrete Frage. Aber sie ist berechtigt, zumindest wenn ich sie stelle. Im Falle von „ja" muss ich nicht mehr allzu viel zu mir sagen. Im Falle von „nein" sieht das schon anders aus. Okay, für alle Fälle: Ich, Oxytocin, bin ein Hormon. Aber nicht nur ein Hormon. Nein, ich bin **das** Kuschelhormon. Du verstehst? Kuschelhormon.

Vielleicht ist es schon länger her, als ich dir die Sinne so richtig benebelt habe. Du kannst dich erinnern? Das ganz Besondere an mir ist, dass ich vertrauensbildend wirke und Stress abbaue. Aus diesem Grund mag mich auch mein Hormonkollege Cortisol nicht. Unser Verhältnis kann man am ehesten mit Feuer und Eis beschreiben.

Wie war das noch mal beim allerersten ... Blick? Hat es gefunkt? Zumindest beim ersten tiefen Blick gehörte mir die Welt. Ist ganz einfach: Wenn sich Liebespaare in die Augenschauen, steigt mein Spiegel im Blut an. Ist alles messbar. Und wenn Du, Homo Sapiens, dann wieder halbwegs im Besitz deiner sieben Sinne bis, einfach mal über mich schmökern. Es gibt da das eine oder andere Buch. Solltest Du kennen.

Quellen:
Johannes Huber, Der holistische Mensch: Wir sind mehr als die Summe unserer Organe, Oktober 2017

Candace B. Pert und Hainer Kober, Moleküle der Gefühle: Körper, Geist und Emotionen, November 2001

Alle, die schon länger laufen, kennen das Gefühl eines Flows: Lebenslust, -freude, -energie pur. Einfach zum Abheben und Dahinschweben. Wie ein Adler. Stichwort Endorphine. Die können freigesetzt werden. In meinem Fall bereits beim allersten, ganz tiefen Blick. Muss ich noch mehr dazu sagen?

Ach ja, eines will ich noch hinzufügen. Weißt Du, dass das mit mir auch passieren kann, wenn Frauchen/Herrchen und Hund sich in die Augen schauen. Wahnsinn. Ist kein Scherz. Auch in diesem Fall steigt der Oxytocin-Spiegel im Blut an. Falls also mal jemand fragen sollte, warum Du auf den Hund gekommen bist, die Antwort ist simpel: Es waren mal wieder die Hormone.

Quelle: www.nuggets.one, „Auf den Hund gekommen"

Parathormon –
fast unbekannt?

Parathormon? Ich habe erfahren, dass manch ein Homo Sapiens zusammen zuckt, wenn er das Wort „Hormon" hört. Warum? Es soll in einer Journaille gestanden haben, „Hormone – das Steuersystem des Körpers". Steuersystem?! Jetzt wird es ernst.

Aber, keine Panik. Ein Dr. Löffler hat sich mit mir auseinander gesetzt. Und wer die Zusammenhänge kennt, muss sich echt nicht fürchten. Vorab eines: Auch bei mir gilt das Prinzip, dass ein Stoff allein nicht genügt. So einfach ist es dann auch wieder nicht. Deshalb eines nach dem anderen. Mein Spiegel im Blut wird geregelt

1. über den Magnesium-Spiegel
2. über den Calcium-Spiegel
3. über das Vitamin D
4. über das Halbmetall Bor.

Wenn die zu niedrig sind, steige ich automatisch an. Und dann wird es unlustig im Körper von Homo Sapiens. Die Symptome können vielfältig sein: Migräne, Tinnitus, Herzrhythmusstörungen, Bluthochdruck, Wassereinlagerungen, schlappe Muskulatur, fehlende Lebensenergie und und.

Der normale Mensch rennt nun zu dem Arzt seines Vertrauens. Dieser macht sich in bester Absicht sofort an die Bekämpfung der ihm geschilderten Symptome heran. Und höchst wahrscheinlich händigt er nach wenigen Minuten auch ein Rezept aus mit ... Tabletten. Alles klar?

Was will ich damit sagen? Ganz einfach: Wenn Du deinen Calcium-, Magnesium- und Vitamin D – Spiegel im Auge behältst, brauchst Du dich vor mir nicht fürchten. Ganz im Gegenteil. Dann kannst Du davon ausgehen, dass - zumindest von meiner Seite aus – beste Voraussetzungen gegeben sind für genügend Lebensenergie. Und ohne die kannst Du vergessen, irgendwann auch mal abzuheben. Ohne Energie kein Flug. Oder denkst Du ein Flieger am Himmel käme ohne Kerosin da hoch?

Quelle: Dr. Bernd-Michael Löffler, Sie leiden an einer „stillen" Entzündung, November 2015.

Pilates –
tut richtig weh?

Von mir haben schon Viele gehört. Weniger haben mich persönlich kennen gelernt. Und wenn, dann sind es Frauen. Ist so. Woher komme ich eigentlich? Pilates, hört sich das nicht nach griechischer Sage an? Weit daneben. Mein Schöpfer ist deutschen Ursprungs, Joseph Hubertus Pilates (1883–1967). Er nannte seine Methode **Contrology**, da es bei mir darum geht, Muskeln mit Hilfe des Geistes zu steuern.

Für Männer mag das eine merkwürdige Methode zu sein. Ergebnis: Pilates gilt auch heute noch in weiten Kreisen als Frauendomäne. Für den, der sich mal in einen Pilates-Kurs gewagt hat, absolut nachvollziehbar: Frauen sind hier absolut dominierend und wohl genetisch im Vorteil. Sie scheinen ein Beweglichkeitsgen zu haben. Anders sind die eklatanten Unterschiede zwischen Frau und Mann kaum zu erklären.

Wenn Frauen ihre Pilates-Übungen machen, lächeln sie meist. Männern ist dagegen der pure Schmerz ins Gesicht geschrieben. Wer das sieht, dem ahnt Schlimmes. Aus meiner Sicht übrigens völlig unverständlich. Das können unzählige Sportgrößen bestätigen: Max Schmeling, der große Boxer in den 30er-Jahren, Dirk Nowitzki, genannt Dirkules, die Basketball-Legende aus Bamberg, Jan Frodeno, der Wunder-Triathlet mit der Hawai-Sieger-Garantie. Als Jürgen Klinsmann 2004 Trainer der deutschen Fußball Nationalmannschaft wurde, zog mit ihm Pilates in die heiligen Hallen des DFB ein. Zuerst milde belächelt, später voll ernst genommen. Auch von den Männern. Und heute? „Weine könnt ich", würde Radio-Moderator Sven Hieronymus sagen. Nicht repräsentative Umfragen in Fitness-Studios zeigen weiter einen verschwindend geringen Männeranteil. Zumindest hier im Rheingau.

Das ist wohl auch ein Grund, warum ein TV-Moderator auf die Idee kam, ein Pilates-Buch für Männer zu schreiben. Ein anderer Grund war, dass dieser, kaum älter geworden, plötzlich über allerhand Zipperlein klagte, Bauchmuskeln gehen und Fettringe kommen sah. So hatte er sich sein Ü40-Dasein nicht vorgestellt.

Okay. Ich gestehe ein, Männer tun sich anfangs nicht ganz leicht. Aber, wenn sie mal angefangen haben, geraten sie schnell in Flow-Zustände. Insbesondere nach ihrem Workout, wenn sie von wundersamen Körper-Erlebnissen berichten und vermeintlichen Schmerzen voll getrotzt haben.

Quelle: Matthias Opdenhövel und Mariam Younossi, Pilates für Männer: "Alles, nur kein Pillepalle." Muskelaufbau, Stabilität, Prävention, September 2018

Piriformis –
ein kleiner Drecksack?

Hallo, ich bin ein Muskel in unmittelbarer Nähe des Ischiasnervs. Ich kann es zwar nicht verstehen, aber es ist wohl so: Nur wenige kennen mich. Es ist paradox, man kennt mich zwar nicht, aber man spürt mich beziehungsweise leidet unter mir. Insbesondere dann, wenn ich, aus welchem Grund auch immer, verhärtet, verkürzt oder entzündet bin. Ein Engpass entsteht, ich drücke auf den Ischias. Und dann kann es lustig werden: Stechende Schmerzen in Hüfte, und/oder Gesäß und/oder Beine. Betroffene klagen manchmal auch über Taubheitsgefühle, ein Kribbeln wie bei einem Stromschlag, bis hin zu Knie, Wade und Zehen. Es scheint, dass ich in lädiertem Zustand wohl ein ziemlich unangenehmer Zeitgenosse bin. Sorry, tut mir echt leid.

Aber ich kann wirklich nichts dafür. Zum Glück hat man sich intensiv mit mir auseinander gesetzt. Ich zitiere: „Der Musculus piriformis ist ein kleiner birnenförmiger, aber wichtiger Muskel, der von der Spitze des großen Rollhügels aufwärts und nach hinten gemeinsam mit dem Ischias durch das große Sitzbeinloch zur Vorderseite des Kreuzbeins verläuft. Dabei kreuzt er das Hüft- und das Illiosakralgelenk. Der Piriformis dient dem Hüftgelenk u.a. bei der Außenrotation und beim Abspreizen des Oberschenkels sowie zusätzlich als flexibler Beckenstabilisator."

Quelle: K. Brinkmann und Nicolai Napolski, Ischiasbeschwerden und das Piriformis-Syndrom, 5. Auflage 2019, Riva Verlag, S. 7.

Wenn ich nicht gut drauf bin, ist es ein weiter Weg bis zum Schweben, dem majestätischen Dahingleiten eines Adlers. Ich sage nur: Flow ade.

Ganz anders dagegen, wenn ein schlauer Orthopäde oder Physiotherapeut mich und meine diffusen Krankheitsbilder durchschaut. Ich habe gehört, dass es Menschen gibt, die nach jahrelangen Schmerzen in kurzer Zeit von ihrem lästigen Leiden befreit werden konnten. Wie? Ganz einfach: Einige wenige Übungen reichen manchmal schon für eine befreiende Wirkung aus. Ich kann mir gut vorstellen wie es sich frühmorgens anfühlt, wenn Menschlein aufsteht und plötzlich verblüfft feststellt, dass irgend etwas fehlt: Der Schmerz. Jahrelang war er da, quasi ein treuer Begleiter, und nun ist er weg. Die Stimmungslage: Erst ungläubig, dann zweifelnd, abwartend, erleichtert und zuletzt euphorisch.

Der Flug kann beginnen. Bis es jedoch dazu kommt, heißt es einige Trainingseinheiten einzulegen. Dabei gilt das Prinzip, dass Schmerzen im Allgemeinen nicht von einem Tag auf den anderen entstanden sind. Nein, nein. Manchmal dauert es Jahre bis sie sich melden. Dann aber meist heftig, je nach individuellem Schmerzempfinden. Bei der einen schmerzt es tief im Gesäß, bei dem anderen strahlen sie in den Oberschenkel aus. Andere Symptome sind Steifigkeit und Unbeweglichkeit. Die Ursache sind häufig verspannte Beckenmuskeln. Die gilt es zu lockern. Das ist aber leichter gesagt als getan, da diese Muskeln ziemlich tief liegen. Meist zu tief für eine Massage. Ärgerlich. Aber, man könnte sich ja auch die Mühe machen, sich aufraffen, etwas Zeit für die eine oder andere Dehnübung nehmen. Jawohl, richtig gelesen, dehnen. Im Zeitalter der Emanzipation denke ich, ist das nicht nur ein Thema für das weibliche Geschlecht.

Wie mag Frau/Mann es? Im Sitzen? Im Liegen? Im Stehen? Nichts ist unmöglich. Beginnen wir mit der einfachsten **Variante – im Sitzen**. Du setzt dich auf das vordere Drittel eines ganz normalen Stuhls ohne seitliche Lehne. Füße hüftbreit. Lege den linken Knöchel auf deinen rechten Oberschenkel, vielleicht ergänzend mit leichtem Druck einer Hand. Halte den Oberkörper aufrecht, Bauch- und Rückenmuskeln leicht anspannen. Es kann losgehen. Kippe nun Oberkörper und Becken langsam etwas nach vorn (gerader Rücken bzw. leichtes Hohlkreuz) bis Du im linken Hüft- und Gesäßbereich etwas spürst. Stop.

Nicht übertreiben. Halte die Dehnung bis zu 30 Sekunden. Dann entspannen. Geschafft. Zumindest der erste Schritt. Danach geht es mit dem anderen Bein weiter. Wenn Du das in diesem Rhythmus drei Mal wiederholst, bist du einem deiner Flows einen Schritt näher gekommen.

Bevor wir jetzt zur **Variante „Im Liegen"** kommen, bitte kurz nachrechnen: Dauer deiner Dehnübung? 3 bis 5 Minuten. Was ein Investment!

Jetzt sind die großen Gefäßmuskeln dran. Mache es dir auf dem Boden gemütlich mit einem flauschigen Saunatuch und/oder einer Gymnastikmatte. Gibt es übrigens für kleines Geld beim Discounter. Leg dich ganz entspannt auf den Rücken und beuge dein linkes Bein im Kniegelenk rechtwinklig an. Bewege es nun mit sanftem Druck deiner rechten Hand über dein rechtes Bein. Das Becken bleibt dabei flach auf dem Boden. Das ist die Endposition, in der nun deine linke Gesäßhälfte gedehnt wird. Danach wie gehabt die Seite wechseln und jeweils drei Mal wiederholen. Bravo! Wie fühlst Du dich?

Die **Variante „Im Stehen"** ist mehr etwas für Super-Ambitionierte. Interessiert? Kein Problem. Aber bitte erst nach Variante 1 und 2.

Quelle: Prof. Dr. Thomas Wessinghage, in Gesund und fit, Juli 2019, Seite 4.

Polysaccharide –
Abgashelden ohne Tricks?

Wer kennt uns? Sollte Schweigen jetzt die Antwort sein, ist das nicht gut. Zumindest aus unserer Sicht. Oder glaubst Du etwa, dass Du auch nur in die Nähe von Flow-Erlebnissen kommst, wenn dein Darm nicht mit macht? Träumer kann ich nur sagen. Du hast wohl noch nie davon gehört, dass Bakterien, die den Darm besiedeln, die Immunabwehr trainieren, Schutz vor Infektionen bieten, die Verdauung regeln, den Körper entgiften. Spiegel-Leser wissen da mehr.

Quelle: Jörg Blech, Iss gut jetzt! in: Der Spiegel, Nr. 27 vom 29.06.19, S. 97ff

Jörg Blech hat sich eine Menge über Darm-Bakterien angeeignet. Um es kurz zu machen: Erstens spielt die Ernährung eine große Rolle. Zweitens sind Ballaststoffe viel mehr als Ballast. Er sagt: „Hauptbestandteil von Ballaststoffen sind die für den Menschen unverdaulichen Polysaccharide." Also wir. Und jetzt wird es interessant. „ ... Lange stand in Lehrbüchern, das Material diene dazu, dem Menschen eine geregelte Verdauung zu bescheren. Es bindet Wasser und ergibt einen weichen Stuhl. Das ist aber nicht alles. Viele dieser Polysaccharide ... ist Futter für die nützlichen Bakterien."

Und die braucht jeder gesunde Darm. Und man scheint ziemlich einig zu sein, dass eine Nation, die kleine Stuhlmengen produziert, große Krankenhäuser braucht. Sagte nicht Ex-Kanzler Kohl, entscheidend wäre, was hinten heraus käme? Aber, Spaß beiseite. Das Thema ist viel zu ernst.

Quelle: Enders, Giulia, Darm mit Charm - Alles über ein unterschätztes Organ, Berlin 2015

Damit der Darm wieder seinen Charme bekommt, ist es ratsam, die Top-6 der Nahrungsmittel mit dem höchsten Anteil an Ballaststoffen mit auf den Tisch zu bringen:

	Ballaststoffanteil	in %
1.	Flohsamenschalen	87
2.	Weizenkleie	45-54
3.	Leinsamen	33-40
4.	Linsen	17
5.	Erbsen	16,6
6.	Mandeln	15,2

Übrigens, traditionell lebende Menschen in Uganda und Südafrika kommen locker auf 50 Gramm Ballaststoffe am Tag. Und Du? Wie sieht es mit deinem Kauen aus? Stuhlgang, Stuhlrun oder Blockade? Dein Einkaufszettel entscheidet.

Wir Polysaccharide raten dir, deine Bakterien sorgfältig zu pflegen. Sonst fressen die dich auf. Von innen. Die kennen da keinen Spaß. Die sind echte Flow-Bremsen. Also, kau uns Polysaccharide lieber, statt Ballast auf der Hüfte mit dir rum zu schleppen. Wir sind bestimmt gesünder als überflüssige Pfunde. Du kannst es auch so sehen: Wir gehören zu den Besuchern, die nach angemessener Zeit ganz von allein wieder gehen. Wir kommen, machen unsere Arbeit, und verlassen dich dann ohne viel Getöse.

Vielleicht magst Du an dieser Stelle den Vergleich unpassend finden. Aber: Hast Du mal einen Hund beobachtet, der sich soeben befreit hat? Und? Falls der nicht angeleint ist, rennt der rum wie von Sinnen. Lebensfreude pur. Ganz nah an einem Flow. Fast wie fliegen. Du verstehst?

PS: Schon mal was von **FODMAP** gehört, einer speziellen Ernährungsform bei Reizdarm und andern Verdauungsbeschwerden wie Blähungen, Völlegefühl, Krämpfe, Durchfall? FODMAP ist die Abkürzung für „**f**ermentable **o**ligo-, **d**i- and **m**onosaccharides **a**nd **p**olyols" (dt. „fermentierbare Oligo-, Di- und Monosaccharide sowie Polyole", etwa vergärbare Mehrfach-, Zweifach- und Einfachzucker sowie mehrwertige Alkohole).

Quelle: www.wikipedia.org/wiki/FODMAP

Quecksilber –
vom Heilmittel zum Gift?

Schon von mir gehört? Bestimmt, Amalgamfüllungen und so. Okay, ist Schnee von gestern. Schon mal mich gefühlt? Erschöpft, total müde, frieren ohne Ende, Durchfall? Echt nicht schön.

Dabei wissen die wenigsten, dass ich vom Altertum bis ins 20. Jahrhundert hinein als Heilmittel verwendet wurde. Der große Paracelsus war der erste Arzt, der Präzipitate und basische Quecksilbersalze herstellte. Wahnsinn was?

Heute sieht es ganz anders aus. Du findest mich heute weniger in Zahnarztpraxen. Ich komme ganz unmerklich zu dir, in Fischform. Fisch, einst mal ein sehr gesundes Nahrungsmittel. Aber heute? Homo Sapiens, was hast Du da schon wieder angerichtet? Oder liegt es am Selengehalt in unseren Böden? Stichwort „Saurer Regen". Könnte auch eine Ursache sein. Selen ist ein Metall, das Quecksilber im menschlichen Körper bindet und über die Niere ausleitet. Ein vorzüglicher Entgiftungsmechanismus. Wenn er funktioniert.

Die Obergrenze von Quecksilber ist definiert so bei 2,0 µg. Da scheinen sich die Gesundheitsoberen einig zu sein. Anders sieht es bei dem empfohlenen Selenwert aus: In Deutschland soll der

Normalwert von Selen so zwischen 65 µg und 150 µg liegen. Ein ziemlicher Unterschied. Vor allem wenn man sich anschaut, was die WHO (Weltgesundheitsorganisation) für sinnvoll erachtet: 150 µg bis 200 µg. Wer also auf Nummer Sicher gehen möchte, weiß, was zu tun ist. Selen kann man futtern, besonders empfohlen werden:

- Paranüsse 800 µg bis 8300 µg/100 g
- Niere 1200 µg/100 g
- Leber 800 µg/100 g

Bei akutem Selenmangel, der übrigens gemessen werden kann, gibt es auch Abhilfe in Kapselform. Was den Selengehalt in deutschen Böden anbelangt, kann ich wenig Zuverlässiges sagen. Warum? Weil, je nach Interessenlage, die Quellen sehr unterschiedliche Werte aufweisen. Wiki zum Beispiel benennt eine mittlere Selenaufnahme in Deutschland für Männer von 46 µg/Tag, für Frauen von 39 µg/Tag. Die Aufnahme in den USA läge bei 60 bis 200 µg täglich.

Vielleicht ist das eine Erklärung, warum „Positive Thinking" in USA verbreiteter ist als bei uns. Fest steht für mich jedenfalls, ohne ausreichend Selen im Blut wird es schwierig mit Flows. Oder hast Du schon jemand fliegen sehen, der total müde und erschöpft ist?

Red Bull –
eine geniale Idee?

Wenn jetzt eine/r behauptet, noch nie von mir gehört zu haben, dann aber Hallo. Doch die meisten kennen mich nur als Power-Drink und wissen nicht, was tatsächlich in mir steckt. Okay, das mit dem **Koffein** hat sich rum gesprochen. Aber mein anderes Standbein, das **Taurin,** gehört eher zu den stillen Vertretern. Gemeinsam sind wir ein kongeniales Paar: Der eine macht in höherer Dosis nervös, beschleunigt den Puls, wirkt schweißtreibend, der andere verhindert das letztere, beruhigt. Eine ideale Kombi.

So, nun genug des Lobes. Da ich Werbung nun wirklich nicht mehr nötig habe, will ich im Folgenden einige Geheimnisse Preis geben. Nun gut, Taurin entsteht im Körper aus Cystein, das wiederum aus Methionin. Wer weiß schon, warum viele Menschen zu wenig davon haben: Weil es für die Virusabwehr eingespannt wird. Ganz schön anstrengend. In der einschlägigen Literatur kann man aber auch nachlesen, dass Taurin die Fettverbrennung fördere und die muskuläre Ausdauer. Wer also ein paar Pfund verlieren und dabei nicht schlapp machen möchte. Gewusst wie.

Bodo Kuklinski, Vorsitzender des Wissenschaftlichen Beirates der Nährstoff Akademie Salzburg weiß noch mehr. Zum Beispiel, dass Leidgeplagte, die über einen längeren Zeitraum hinweg Säureblocker schlucken, meistens wenig Vitamin B_{12} und Taurin im Blut haben. Warum? Konnte er ad hoc auch nicht beantworten. Also hat er sich mit Taurin etwas intensiver auseinander gesetzt. Und er hat unter anderem herausgefunden, dass Taurin wichtig ist für

- scharfes Sehen (Netzhaut, Retina)
- schmerzfreies Squash-, Tennis-, Golfspielen ohne Karpaltunnelsyndrom
- die Behandlung von Migräne
- gute Nerven, da es beruhigend wirkt.

Selbst bei Krebserkrankungen soll es hilfreich sein mit einer gesteigerten p53-Bildung, also bei dem sogenannten Tumorsupressor-Gen. Wer da nicht ins Schwärmen kommt.

Übrigens, Katzenfutterproduzenten sind über die Heilkräfte von Taurin bestens informiert. Vielleicht sollten sich diese einmal mit ihren Kolleg/innen aus der Augenheilkunde oder der Orthopädie austauschen. Sonst könnte es mit Flow-Erlebnissen bei Golf, Squash oder Tennis eng werden.

Quelle: OM & Ernährung Nr. 166 F 26, 2019

Salsa –
geht's noch feuriger?

„Buenos dias" – ich komme aus Lateinamerika. Eingewandert bin ich gerade noch rechtzeitig, so Anfang der 80er-Jahre. Gut, dass sich damals noch keine Behörde oder Amt um einen gekümmert hat. Wenn die erfahren hätte, wer da alles noch als meine Großfamilie nachkommen würde, Bachata, Danzón, Kizomba, Merengue, Rueda Cubana, Kuuk. Oh Gott. Ich bin mir sicher, die hätten uns nie rein gelassen.

Aber nun sind wir da, haben uns super integriert, sind aus dem Alltagsleben kaum mehr weg zu denken. Kein Wunder, steht bei mir beziehungsweise uns doch der Spaßfaktor im Vordergrund, und das gepaart mit einer Prise Erotik. Keine Sorge, auch wenn kurzfristig der Blutdruck etwas ansteigen sollte, das reguliert sich. Spätestens wenn Du regelmäßig auf der Tanzfläche in den Clubs erscheinst und dir kontinuierlich eine super Kondition aufbaust.

Uns kann jeder lernen. Selbst Gehörlose haben kein Problem, wie Benjamin Piwko bei Lets's Dance 2019 gezeigt hat. Und falls Du über zwei Meter groß bist, große Hände und Füße hast, stehen deine Chancen besonders gut. Der Ex-Handballer Pascal Hens hat es vorgemacht. Er brachte es mit seiner strengen Partnerin sogar zum Champion. Wer da wen geführt hat, soll an dieser Stelle nicht weiter ausgeführt werden. Ist aber eh uninteressant, wenn Du es zum Champion gebracht hast, vor einem Millionenpublikum und Dank der Stimmen deiner Fan-Gemeinde. Echt heiß, kann ich da nur sagen.

Ich, also Salsa, habe allerdings auch Nebenwirkungen. Über die kann kein Arzt oder Apotheker konkreteres sagen, es sei denn, er gehört zu meinen Fans. Und auch die Verpackungsbeilage hilft nicht wirklich weiter. Feurig bin ich auf jeden Fall. Bei mir wechseln schon mal die Tanzpartner, so dass Du in Kontakt mit andern Leuten kommst. Und ich liebe es, wenn die Tanzpartner die Nähe der/des Anderen suchen. Ob es dabei auch einmal zu einem Funkenflug kommen kann?

Nichts ist unmöglich, kann ich nur sagen. Und ob Du nun der geborene Führer oder Geführte bist, Schwamm darüber. Spielt bei mir absolut keine Rolle. Hauptsache Du hast Spaß. Und dann sind Flows nicht mehr weit entfernt.

Quellen:

Julia F. Christensen und Dong-Seon Chang, Tanzen ist die beste Medizin, Hamburg, November 2018

www.rtl.de/Lets Dance 2019

Stoiker –
die echt Coolen?

Keine Panik wenn Du im ersten Moment nichts mit mir anfangen kannst. Kein Problem. Einfach cool bleiben. Die Aufklärung ist bereits unterwegs. Ich blicke auf eine lange Geschichte zurück – ausführlich dargestellt in der griechisch-römischen Philosophie des Stoizismus – und bin wohl so um 300 v. Chr. geboren worden.

Quelle: Massimo Pigliucci, Frank R. Kiesow (Übersetzer): Die Weisheit der Stoiker: Ein philosophischer Leitfaden für stürmische Zeiten, Oktober 2017

Du wirst es kaum glauben, aber es hat sich bei Homo Sapiens nicht viel geändert. Trotz Internet, künstlicher Intelligenz und sozialer Medien. Was will der Mensch, vorgestern, gestern, heute und auch morgen? Essen, Trinken, Liebe, Kinder, Gesundheit, Reichtum, Ansehen und Glück. Was will er nicht? Krank werden, Naturkatastrophen, Krieg, Armut, Vereinsamung und Unglück. Sorry wenn diese Aufzählung nicht vollständig ist. Aber ein Stoiker kann ganz gut damit leben, wenn nicht alles perfekt und vollständig ist. Das ist quasi ein Charakterzug von mir. Hilft in vielen schwierigen Momenten gut klar zu kommen. Aber nun eins nach dem anderen.

In der Stressforschung ist man sich einig, dass Stress nicht primär von außen auf dich einwirkt. Nein, es sind häufig überzogene Erwartungen an dich und andere. Schon mal was von Kontrollzwang gehört? Es soll Menschen geben, die selbst die Kontrolle noch kontrollieren wollen. Aber Spaß beiseite. Wusstest Du, dass wir Stoiker die ersten waren, die sich gegen Sklaverei aussprachen und sich für Gleichberechtigung von Frau und Mann engagierten? Und weißt Du wie wir all die Ungerechtigkeiten und Schweinereien dieser Welt bis heute ausgehalten haben? Wir versuchen täglich vier Tugenden zu leben:

1. Wissen, was zu tun ist.
2. Mut, sich täglich dem Leben zu stellen
3. Andere fair behandeln
4. Sich mäßigen und besonnen handeln.

Wir Stoiker versuchen stets unser Bestes zu geben, andere so zu respektieren wie sie sind. Zugegeben, das ist nicht einfach und klappt auch nicht immer. Was soll's. Dann eben morgen.

Übrigens, einer unserer bekanntesten Sprecher, Seneca, (1 – 65 nach Chr.), war mit seinen ethischen Grundsätzen wie Zurückhaltung und Mäßigung seiner Zeit weit voraus. Das hat ihn allerdings nicht davon abgehalten, sich persönlich ganz anders zu verhalten. Störte ihn nicht. Typisch Stoiker.

Flows erleben wir häufiger. Das liegt wohl an unserer Lockerheit, unserem Streben, täglich ein besserer Mensch zu werden, unserer Unverzagtheit, nie aufzugeben. Wenn es heute nicht läuft, dann versuchen wir es eben morgen wieder. Carpe diem, ich helfe dir gerne dabei. Und ich verspreche dir, dein Distress wird sich Tag für Tag mehr verabschieden. Vielleicht helfen dabei Zitate berühmter Kollegen:

Epiktet (50 bis 138 n. Chr.)

- Es sind nicht die Dinge selbst, die uns bewegen, sondern die Ansichten, die wir von Ihnen haben.

- Der Weg zum Glück besteht darin, sich um nichts zu sorgen, was sich unserem Einfluss entzieht.

- Weise ist der Mensch, der Dingen nicht nachtrauert, die er nicht besitzt, sondern sich der Dinge erfreut, die er hat.

- Wir müssen die Dinge, die in unserer Macht stehen, möglichst gut einrichten, alles andere aber so nehmen, wie es kommt.

Marc Aurel (121 bis 180 n. Chr.)

- Es steht dir frei, zu jeder Stunde dich auf dich selbst zurückzuziehen. Gönne dir das recht oft, dieses Zurücktreten ins Innere und verjünge so dich selbst.

- Verlust ist nichts anderes als Verwandlung.

- Ändere deine Ansichten und du hörst auf, dich zu beklagen.

- Dem Lauf der Dinge darf man nicht zürnen, denn er kümmert sich um nichts.

- Betrachte einmal die Dinge von einer anderen Seite, als du sie bisher sahst, denn das heißt, ein neues Leben beginnen.

Seneca (1 bis 65 n. Chr.)

- Nichts bringt uns mehr vom Weg zum Glück ab, als dass wir uns nach dem Gerede der Leute richten, statt nach unseren Überzeugungen.

- Der Geist ist der Herr über sein Schicksal: Er kann sowohl Ursache seines Glücks als auch seines Unglücks sein.

www.karlallmer.com/15 stoische Zitate

Tiere beobachten –
wen denn sonst?

Lass dich mal kurz entführen. Okay? Es ist 5 Uhr morgens. Du sitzt in einem Jeep, die Savanne erwacht. Dein Ranger lässt dich in Ruhe. Es ist ziemlich frisch zu dieser Uhrzeit. Gut, dass Du eine Windjacke mitgenommen hast. Der Jeep holpert dahin. Plötzlich: Eine Tier steht am Wegesrand, ist im Begriff die Piste zu überqueren. Nahezu lautlos bleibt der fahrbare Untersatz stehen. Du staunst ... die Zeit scheint stehen zu bleiben. Nicht so die Giraffe. Sie stakst über die Piste, hoch erhobenen Hauptes, ein klares Ziel im Blick: Grünfutter. Was ein Schauspiel. Dafür bin ich gerne einige Kilometer von Frankfurt aus in den Kruger Park geflogen. Genial.

Bekanntlich ist „Loslassen" nicht so einfach wie manche glauben. Jetzt stellt es sich ganz von allein ein. Vergessen sind alle Probleme, unbeantwortete Emails, ungeklärte Konflikte, was auch immer. Es zählt nur das HIER und JETZT. Du willst alles Festhalten, suchst nach deiner Kamera. Wie in Trance drückst Du ab - klick, klick. Muss ich jetzt noch erklären was ein Flow ist?

Hört sich toll an. Okay, ich weiß. Aber, es gibt auch Flows, von denen ich überhaupt nichts halte. So wie die einen mit Kamera, Fernglas etc. ausgerichtet sind, gibt es andere, die mehr auf Zielfernrohr fixiert sind. Ich mache es hier kurz, da jedes weitere Wort zu viel der Ehre wäre. Es gibt (nicht wenige) Homo Sapiens, denen voll einer abgeht, wenn sie eine Giraffe, einen Löwen, einen Elefanten umlegen können. Killen ist ihre Leidenschaft. Und davon können sie nicht genug bekommen. Sie legen Tausende von Dollars oder Euros auf den Tisch, lassen sich von skrupellosen Gangstern kutschieren, legen an und ballern los. Eine seltsame Art von Flow, der x-fach dokumentiert ist mit handfesten Beweisen: Stolze Großwildjäger in Nahaufnahme, der bestiefelte Fuß auf dem Haupt eines Löwen, eines Elefanten oder eine Giraffe. Das Victoryzeichen darf natürlich nicht fehlen. Und was eine triumphierende Fratze.

Ich, die Tierbeobachtung, bin an dieser Stelle schlicht und einfach fassungslos. Was sehe ich da eigentlich vor mir? Homo Sapiens beobachten? Nein, das will ich mir wirklich nicht antun. Ich bleibe bei meinen Tieren, möglichst denen in freier Wildbahn. Die bieten mir Flows ohne Ende. Einfach ruhig sein, Augen aufhalten, kommen lassen und genießen. Ein Tipp: Es müssen nicht immer nur die Big Five sein.

Wann hast Du zuletzt mal einen Schwan beobachtet? Solltest Du tun. Warum? Weil ein junger Schwan so mit bloßem Auge nicht von einem alten zu unterscheiden ist. Schwäne werden um die 30 Jahre alt. Und zwischen dem 2ten und 28sten Lebensjahr altern die nicht. Das ist Wahnsinn. Bei Homo Sapiens setzt der Alterungsprozess bereits ab dem 30sten Lebensjahr ein. Dann geht es bergab. Unbestreitbar. Fachleute sprechen sogar von einer Tatsachen-Feststellung. Es läge an der Länge der Telomere. Aber die sollen vom jeweiligen Lebensstil abhängig sein. Was macht der Schwan wohl anders als der gemeine Mensch? Obwohl, es gibt bei Homo Sapiens Ausnahmen, auch das ist Fakt:

„In 2 Stunden 54 Minuten und 23 Sekunden bei einem durchschnittlichen Tempo von 4:08 min/km einen Marathon zu laufen, ist für jeden Sportler, egal welchen Alters, eine beeindruckende Leistung. Dies jedoch im Alter von 70 Jahren zu schaffen, ist einfach unglaublich. Und genau das hat der Amerikaner **Gene Dykes** gemacht. Am 15. Dezember brach er beim Jacksonville Marathon den bisherigen M70-74-Weltrekord – Ed Whitlocks 2:54:48 aus dem Jahr 2004 – um 25 Sekunden."

Quelle: Katherine Turner in STRAVA Geschichten, 21. Dezember 2018

Wer sich die Bilder von Gene's Zieleinlauf ansieht, weiß wie ‚Flowing' zumindest optisch aussieht. Nichts ist unmöglich.

Und ob Du nun Tiere in freier Wildbahn oder Homo Sapiens bei Wettkämpfen beobachtest, ich garantiere dir, Du bist nicht weit von Flows entfernt. Bleib einfach dran.

Trockenblut –
direkt von der Couch?

Darf ich mich vorstellen? Ich bin noch nicht so lange auf dem Markt. Daher dürfte ich für viele auch Neuland sein. Aber bestimmt nicht mehr lange. Warum? Weil erstens ONLINE hoch modern ist, zweitens Hightech auch bei Bluttests im Vormarsch ist, und drittens mein Nutzer alles ganz bequem von der Couch zuhause aus erledigen kann. Klingt verlockend, was? Aber, ich weiß, jetzt kommen die Zweifler. Wie hieß noch einmal der Bestseller von John Carreyrou, immerhin Pulitzer-Preisträger? Bad Blood.

Quelle: John Carreyrou, Bad Blood, Deutsch von Karlheinz Dürr, DVA, 4/2019

Und ist das überhaupt wissenschaftlich abgesichert? Muss ich die Ergebnisse dann selbst, ganz allein, interpretieren? Ist das ethisch überhaupt vertretbar? Und die Kosten? Werden die von meiner Kasse getragen? Fragen über Fragen. Nicht zu vergessen die überflüssigen Fahrten nach Nürnberg/Roth. Da wird mir echt was fehlen. Was waren das noch für Zeiten, als ich frühmorgens mein Spielzeug auf der A3 so richtig ausfahren konnte. Und überhaupt, keine empathischen Gespräche mehr im Wartezimmer. Die soziale Komponente! Wohin ich schaue, nur noch

Anonymität. Und der Blick in meine Augen. Er wird mir fehlen. Auch meine Gehirnwindungen werden merklich leiden. Warum? Weil ich mir vorab keine Rechtfertigungen mehr zusammen basteln muss, warum meine Werte doch ziemlich vom angestrebten Optimum entfernt sein dürften: Tja, das Leben ist echt kein Wunschkonzert.

Zurück zu mir. Wie funktioniert so ein trockener Bluttest? Ganz einfach. Man setzt sich auf die Couch, sticht sich in die Fingerkuppe, entnimmt ein winziges Tröpfchen Blut und verteilt dieses auf ein Stück Spezialpapier. Das war es schon. Abschließend die Fingerkuppe fachmännisch versorgen, das Papier in einen Umschlag geben und ab in die Post. Den Rest erledigt das Labor.

Wie das möglich ist? Technisch ziemlich anspruchsvoll. Schon mal von Flüssigchromatographie, Massenspektrometrie gehört? Frauen dürften hier im Vorteil sein. Sie kennen dieses Verfahren aus dem Neugeborenen-Screening. Seit Jahren. Wer also was dafür tun möchte, physisch und psychisch für zukünftige Flow-Erlebnisse bereit zu sein, braucht dafür keinen Doc-Besuch mehr. Zumindest nicht für den Status essentieller Flow-Stellschrauben, also Aminosäuren, Mineralien, Spurenelemente, Vitamine etc..

Quelle: www.foryouehealth.de

Tyrosin
hallo wach?

Von wegen „Gäähn". Wo es mich im Überfluss gibt, herrscht „Äktschen", wie man in Schwaben sagt. Ich bin eine nicht-essentielle Aminosäure, die ihren Ursprung in Phenylalanin hat. Wenn Du von mir genug im Blut hast, geht im wahrsten Sinne die Post ab. Rund um die Uhr. Das ist spätestens bekannt seit dem Falkland-Krieg 1982. Frag einfach mal einen der Piloten damals.

Inwieweit man mich im Leistungssport kennt, vermag ich nicht zu beurteilen. Aber wenn ich mir bei Marathonläufen den normalen Teilnehmer kurz vor dem Start in den langen Schlangen vor den Dixi-Häuschen anschaue, weiß ich zumindest Bescheid: Hier gibt es keinen „gesunden Spannungszustand". Hier herrscht Not an Frau oder Mann. Müsste nicht sein. Ich will meine Vorzüge ja nicht heraus kehren. Aber eigentlich müsste jede/r die Kette kennen:

Aminosäure Phenylalanin → **Tyrosin** → Dopamin → Adrenalin → Noradrenalin = **Eu-Stress**.

Und Eu-Stress heißt häufig: Fliegen. Es läuft rund. Total rund. Für mich ist es ein Rätsel, warum sich solche Kausalitäten noch nicht überall herum gesprochen haben. Von wegen Homo Sapiens.

Das gilt übrigens auch für eine zweite nicht ganz unwichtige Eigenschaft von mir. Stichwort: Schilddrüsenhormon. Verstehe wer will, warum manch Homo Sapiens die rezeptpflichtige, teure Hormontablette dem rezeptfreien Tyrosin vorzieht. Übrigens, bei artgerechter Ernährung ist eine ausreichende Versorgung mit mir überhaupt kein Problem. Oder hast Du mal einen Affen gesehen, der Tyrosin in der Apotheke gekauft hat?

Wer es nicht so sehr mit einer gesunden Ernährung hat, mir mehr in Kapselform vertraut, der sollte sich mit der für sie/ihn angemessenen Dosierung beschäftigen. Unabhängig davon gilt als ziemlich gesichert, dass Tyrosin nüchtern ergänzt werden sollte, damit es nicht mit anderen Aminosäuren in Konkurrenz gerät.

Wenn ich ein Marketing-Mensch wäre, würde ich meine Markenbotschaft wie folgt texten: „... wach, energievoll, konzentriert, locker angespannt, ... einfach cool." So, jetzt noch Fragen? Wenn nicht, dann einfach an die Geschichte aus dem Falkland-Krieg denken und ... abheben.

Quelle: www.vitamin-ratgeber.com, L-Tyrosin

Urquell Tiefschlaf –
echt alternativlos?

Gähn ... sorry, ich weiß, das ist nicht gerade die feine Art sich persönlich vorzustellen. Aber was sein muss, muss eben sein. Nach einer für mich anstrengenden Nacht, ich habe versucht all das Affengeschnatter in den Oberstübchen meiner Klienten abzustellen, wache ich nun so langsam auf. Verstanden? Mein ursprünglicher Name ist Schlaf. Ich finde es schon bemerkenswert, was primär tagsüber um mich herum geschieht.

Ein Beispiel: Du fühlst dich seit Tagen nicht so richtig gut. Irgendetwas stimmt nicht. Was tun? Du entscheidest dich zu deinem Hausarzt zu gehen. Gut. Zwei Alternativen gilt es nun abzuwägen: Erstens vier bis sechs Wochen warten bis Du einen Termin bei deinem Gott in Weiß bekommst. Oder, zweitens, in die Notfallsprechstunde gehen und warten. Alles klar?

Der Arzt hört sich deine Probleme kurz an, arbeitet routiniert seine Checkliste der Kassenärztlichen Vereinigung ab, dokumentiert sein Wirken zwecks Absicherung bei Regressansprüchen und offenbart dir seinen Rat: „Ich denke, wir sollten das im Schlaflabor mal checken lassen. Es könnte sein ...". Schluck. Zunächst siehst Du nur Kabel ohne Ende vor deinem inneren Auge. Dann hörst Du: „Ich versuch mal für Sie einen Termin zu machen. Also, so vier bis sechs Wochen wird es wohl schon dauern. So, das wär's für heute. Oder kann ich sonst noch was für Sie tun?" Er steht auf – Du kennst den Weg zur Tür.

Ob das nun ein Einzelfall ist oder mehr die Regel überlasse ich dem erfahrenen Leser zu beurteilen. Auf jeden Fall geht die Geschichte weiter. Nach meiner Begutachtung in einem Schlaflabor dreht sich nun alles nur noch um mich. Also dem Schlaf. Die Fülle der Thematiken ist überwältigend: Von Matratzenqualität über Feng Shui und TV-Strahlung bis hin zu harten Schlafdrogen. Was mich persönlich besonders freut, ist, dass ich zu einem SPIEGEL-Bestseller geworden bin.

Quelle: Dr. Strunz, schlaf gut buch, Heyne Verlag, 2018

Als direkt Betroffener kann ich nur eines sagen: Da hat sich einer eine Menge Mühe gemacht mit mir. Aber nicht nur damit. Heute bin ich überzeugter denn je, dass es ohne mich, und damit meine ich insbesondere mein Familienmitglied TIEFSCHLAF, sehr schwierig mit Flows wird. Eigentlich klar, denn wie soll ein unausgeschlafener Adler schon aus den Puschen kommen? Logisch. Ohne mich, den Urquell, geht auf Dauer gar nichts. Wissen selbst die auf Guantamano.

Vergebung –
wird Schattenüberspringen olympisch?

Vorab eine kurze Frage: Glaubst Du wirklich jemals wie ein Adler abheben zu können, wenn Du einen Sack voller Probleme am Hals hängen hast beziehungsweise diese auf deinen Schultern lasten? Ich frage dies in deinem ureigenen Interesse.

Ich, **die Vergebung**, bin ein Schlüsselbegriff von Weltanschauungen, Religionen und Philosophien. Wie heißt es im Vaterunser? „Und vergib uns unsere Schuld, wie auch wir vergeben unsern Schuldigern." 1. Brief des Johannes 2,2 LUT.

Was macht es eigentlich so schwer, mich als den **Königsweg der Konfliktlösung** zu akzeptieren? Andere Völker können das doch auch, zum Beispiel die **Hawaiianer.** Bei ihrem **Ho'oponopono**, was so viel heißt wie ‚In Ordnung bringen', sprechen sich alle aus, bereuen gegenseitig was passiert ist und vergeben sich. Ein schöner Brauch, befreiend und entlastend. Dabei gibt es nur einen Verlierer, und das sind die **Stresshormone**, allen voran das **Cortisol**.

Folgt man modernen Psychotherapeuten, dann handelt es sich bei der Vergebung um innere Selbstgespräche, die eine mentale Bewältigung des ursprünglich verletzenden Ereignisses ermöglichen. Das ist wichtig, da ein Nicht-Vergeben negative psychosomatische Auswirkungen auf den Vergebungsunwilligen, also das ursprüngliche Opfer hat. Wer kennt nicht Zeitgenossen, die schmerzhafte Erinnerungen fast lustbetont ausschmücken und sich damit nur noch mehr schädigen. Tag für Tag, Jahr für Jahr.

Vergeben bedeutet, stark zu sein. Eigene mentale Hürden wie Rachegelüste werden gemeistert. Vergebung fällt umso schwerer, je mehr die psychische Freiheit durch eigene Fesseln eingeschränkt ist. In vielen Fällen können Freunde, Vertraute, Seelsorger helfen. Keine Sorge, es hat noch nie jemandem geschadet, sich Rat einzuholen. Wenn Du im Laufe deines Daseins mir, der Vergebung, begegnest, die heilsamen Entlastungen erfährst, wirst du spüren, wie Seele und Geist sind öffnen. Ideale Voraussetzung für einen gern gesehenen Gast: Den Flow.

Also gelegentlich mal über den eigenen Schatten springen. Schwamm drüber. Mich kann jede/r.

Quellen:

Reinhard Tausch: Verzeihen, die doppelte Wohltat. In: Psychologie heute, April 1993, S. 20–26.

www.alouhuna.de, Hoʻoponopono und die 4 Sätze – das Dr. Len Mantra verstehen

Viagra –
für alle und ohne Rezept?

Schon mal was von mir gehört? Oder gar gespürt? Wenn ja, ich gratuliere. Besonders gratuliere ich meinem Boss, dem amerikanischen Pharmariesen Pfizer. Warum? Der machte und macht weiter Milliardenumsätze mit mir. Hochleistungssportler/innen vieler Disziplinen stehen darauf: Olympioniken, Bodybuilder, Gewichtheber, Swingerclubflatrateinhaber und andere Matratzenakrobaten. Wenn Du mehr über meine Erfolgsgeschichte erfahren möchtest, nur zu. Es lohnt sich. Jetzt aber eins nach dem anderen.

Bereits 2008 strahlte die ARD einen Bericht über **Arginin** aus. Eine außergewöhnliche Substanz. Was ist daran so besonders? Nun ja, Arginin bildet ein Gas namens Stickoxyd, **NO**. Im Time-Magazin gab es dazu eine Titelstory: ‚Molekül des Jahres'. Und bereits 1998 erhielten die Wissenschaftler Robert F. Furchgott, Louis J. Ignarro und Ferid Murad für die Erforschung des Zusammenhangs von Arginin und NO den Nobelpreis für Medizin. Jawohl. NO ist das seit langem gesuchte Wundermittel, das Blutgefäße öffnet, Leben rettet beim Herzinfarkt. Und nicht nur das. Es lässt Eva und Adam auch erfolgreicher werden durch eine vermehrte **Hirndurchblutung**.

Ein kleiner Tipp am Rande: Wer einmal eine **Viagra-Tablette** nicht vorschriftsgemäß sich eingeführt, ich meine zerkaut hat, weiß um die Urkraft von NO. Höllische Kopfschmerzen, vergleichbar mit totalem Kaffeeentzug in den ersten 2 Tagen, sage ich nur.

Wer kennt seinen Argininspiegel? Kann im Blut gemessen werden. Stickoxyd (NO) hält Gefäße geschmeidig und elastisch. NO kann der Körper im Prinzip selbst herstellen, aus **Sauerstoff** und der **Aminosäure Arginin**. Die steckt unter anderem in **Mandeln, Haselnüssen, Fisch und Soja**.

Die folgenden Top-6 Beispiele geben einen Überblick über Arginingehalte und beziehen sich jeweils auf 100 g des Lebensmittels. Zusätzlich ist der prozentuale Anteil von gebundenem Arginin am Gesamtprotein angegeben.

Lebensmittel	Protein	Arginin	Anteil
Kürbiskerne	30 g	5353 mg	17,7 %
Erdnuss, geröstst	23 g	2832 mg	11,9 %
Pinienkerne	13 g	2413 mg	17,6 %
Walnüsse	15 g	2278 mg	15,0 %
Erbsen, getrocknet	24 g	2188 mg	8,9 %
Hähnchenbrustfilet	21 g	1436 mg	6,8 %

Quelle: Wiki, Arginin, www.wikipedia.org

In **„Die Uhr tickt"** findest Du mich im Kapitel „Entkalkung". Allerdings nicht unter „Viagra" sondern unter „L-Arginin". Fest steht auf jeden Fall für mich, dass die, die sich frühzeitig mit mir beschäftigen viel mehr Freude am Leben haben. Du hast wie so häufig im Leben immer verschiedene Möglichkeiten deinen Weg zu finden: Teure, rezeptpflichtige Tabletten futtern, auf dem Schwarzmarkt aktiv werden, oder dich artgerecht ernähren und bewegen. Und wenn's damit nicht so richtig klappt, dann eben über argininhaltige Eiweißshakes. Bingo.

Es lohnt sich, wenn das Thema „Flow" bei dir nicht ins Abseits geraten soll. Was viele vergessen: Ein Orgasmus ist nicht nur ein super Gefühl, nein, auch ein richtiger Fatburner. Je nach Aktivitätslevel purzeln dabei die Kalorien. Also ich kenne keine/n, der alternativ lieber hungert, aufs Rad oder aufs Laufband steigt. Es sei denn, es währe ein Diätenfreak/in, der/dem beim Lesen einer neuen Diät in Brigitte, Gala oder TV-Zeitschrift schon einer abgeht. Aber, es gibt wohl Nichts, was es nicht gibt.

Vitamine –
Achtung Todesgefahr?

Also wenn wir Vitamine durcheinander kommen, zu wenige oder auch zu viele sind, ist das Chaos nicht mehr weit. So im Buch **„Die Uhr tickt"** bezüglich unserer beiden Familienstämme, der wasserlöslichen und der fettlöslichen. Sorry. Wo gearbeitet wird, passieren eben auch mal Fehler. Daher jetzt noch einmal ganz von vorne:

Wasserlösliche Vitamine sind die Vitamine B_1, B_2, B_3, B_6, B_{12} und C. Wir können im Körper kaum gespeichert werden und müssen ständig für unseren Nachschub sorgen. Falls von einem dieser Vitamine zu viel da sein sollte, wird es über die Nieren ausgeschieden. Also kein Problem.

Fettlösliche Vitamine sind die Vitamine A, D, E und K. Wir können im Körper gespeichert werden. Vorsicht, bei einigen von uns kommt es auf die richtige Dosis an. Das gilt besonders für Vitamin A und D. Also Attention.

Jürgen Lueger aus Salzburg hat sich auch mit uns Vitaminen sehr intensiv auseinander gesetzt. Seine Zusammenfassung finden wir ganz gut. Und nicht nur das. Er sieht uns so als eine Art Kümmerer für Flow-Ambitionäre. Aber, lassen wir nun das mit dem Flow und kommen zurück zu den Basics:

Wer?	Kümmert sich primär um was? K = Kohlehydrate; F=Fett; E=Eiweiß
Vit. A	Augen, Schleimhäute, Haut
Vit. B1	Nervensystem, K-Stoffwechsel
Vit. B2	Haut, Schleimhäute, K+F+E-Stoffwechsel
Vit. B3	Herz, Nervensystem, K+F-Stoffwechsel
Vit. B5	Haut, Schleimhäute, Abwehr, Haare
Vit. B6	Nervensystem, E-Stoffwechsel
Vit. B7	F+K-Stoffwechsel, Haut, Haare, Fingernägel
Vit. B9	Blutbildung, Wachstum, Gefäße
Vit. B12	Blutbildung, Nahrungsaufnahme
Vit. C	Abwehrkräfte, Bindegewebe, Knochen
Vit. D	Knochen, Zähne, Calcium, Phosphatstoffw.
Vit. E	Haut, Zellschutz Umweltgifte, UV Strahlen
Vit. K	Blutgerinnung, Herstellung best. E-Stoffe

Wer mehr über uns erfahren möchte, dem empfehlen wir ein im dtv-Verlag erschienenes Buch. Eine echte Fundgrube.

Quelle: Strunz/Jopp, Topfit mit Vitaminen', ISBN 978-3-423-34313-8

Der Umgang mit uns Vitaminen ist nicht ganz ungefährlich. Zumindest in China. Als ich davon erfahren habe, hat es mich fast umgehauen. Dort wurde ein Hersteller von Säuglingsnahrung mit dem Tode bestraft. Was hatte er getan? Er hatte „nur" ein oder mehrere Vitamine als Beigabe bei der Produktion vergessen, mit der Konsequenz, dass Säuglinge daran gestorben sein sollen. Da verstehen die in China keinen Spaß.

Eigentlich nachvollziehbar, wenn man Kinder ernst nimmt. Ob das in allen Ländern auf diesem Planeten genau so gesehen wird? Ich überlasse die Antwort lieber dem Homo Sapiens. Sonst heißt es gleich wieder, wir Vitamine würden uns viel zu wichtig nehmen. Aber keine Sorge, wir wissen schon was wir drauf haben. Übrigens, wir sind weniger Freunde des „Darüber Redens", sondern konzentrieren uns lieber darauf, was wir bewirken. Und das kann sich sehen lassen. Zumindest von denen, deren Horizont nicht bei doppelblind-placebo-kontrollierten Studien endet.

Früher war Mutter Natur eine Fundgrube für Vitamine. Da gab es uns noch in Hülle und Fülle. Also nicht in Pillen- oder Pulverform in der Drogerie oder im Internet. Nein, auf dem Feld, im Wald, auf der Wiese und Flur. Kostenlos. Und es gab bereits damals absolute Spezialisten, die uns gut kannten und zu nutzen wussten. Zu gut vielleicht. Auf jeden Fall fürchteten sich schon damals die wirklich Mächtigen vor uns. Warum sonst trachteten sie den damaligen Experten nach dem Leben? Übrigens, gibt es heute noch den Beruf „Kräuterhexe"? Klingt irgendwie magisch, oder?

Nach all den in der Presse zu findenden ‚Vitaminlügen' bin ich es leid, dazu Stellung zu beziehen. Ich konzentriere mich lieber auf die richtige Dosierung, zum Beispiel von Vitamin C. Schon davon gehört, dass viele Krebsarten das nicht mögen? Ist nicht mein Problem. Und Homo Sapiens könnte auch davon profitieren.

Aus unserer Sicht sind Flows eine tolle Sache. Dass wir daran unseren Anteil haben, ist zum Glück unbestritten. Und ob jetzt mit x Prozent oder y Prozent, darüber sollen doch die Wissenschaftler streiten. Streiten finden wir gut, gezielt lügen nicht. Aber das ist nur unsere Sicht der Dinge.

Weltkulturerbe –
Tango Argentino, was sonst?

Die UNESCO hat mich, den argentinischen Tango, 2009 aufgrund der kulturellen Bedeutung zum Weltkulturerbe ernannt. Das macht mich stolz. Für die, die mich bisher noch nicht so richtig kennen, es gibt auch einen Standard-Tango. Der ist im Vergleich zu mir sehr streng geregelt. Typisch deutsch, könnte man etwas zynisch sagen. Das Ergebnis: Schwierig einzuschätzen. Wird nach meiner Beobachtung immer weniger getanzt, auch in Tanzschulen. Ob es auch hier an der (Über-)Regulierung liegt? Könnte sein.

Wann und wo war meine Geburtsstunde? Anfang des 20. Jahrhunderts in Buenos Aires in Nachtclubs. Und wer war dabei: Immigrierte Europäer, die sich einsam fühlten, wenig Geld hatten und versuchten, ihre Sehnsüchte mit Tanzen zu stillen. Meine Erfolgsgeschichte beweist es: Tanzen ist nicht nur gesund, sondern macht auch glücklich. Ist ein Fakt.

Kenner und Könner der Szene bezeichnen mich, also den Tango Argentino, als einen **Dialog der Körper**. Dialog der Körper – welche Assoziationen kommen da bei dir hoch? Elegant? Authentisch? Melancholisch? Energievoll? Wie auch immer, ich habe es einfach drauf. Warum?

Tanzen, Gesundheit und Lebensfreude gehören zusammen. Wer tanzt, trainiert nicht nur den Gleichgewichtssinn, fördert die Koordination und lindert Angst-/Depressionssymptome. Tanzen ist fokussierte Bewegung, fordert und fördert das Gehirn. Demenz – muss nicht sein. Nachweislich. Neurowissenschaftler belegen weltweit mit seriösen Studien alternative Wege und Möglichkeiten der Vorbeugung. Stichwort Epigenetik. Und ich, Tango Argentino, habe mich sogar bei Parkinson bewährt.

Ein Wunder? Nein. Schon die griechische Mythologie verehrte Apollo nicht nur als Gott des Tanzes, sondern auch als Gott der Musik und des Heilens. In vielen Kulturen kennt man bis heute Tänze als Heilungsrituale, sei es im Regenwald, in der Kalahariwüste oder im ostasiatischen Buddhismus. Warum nicht auch bei uns? Nichts scheint unmöglich. Über Flows muss ich hier nichts sagen. Nur so viel – wer Tango Argentino kennen, spüren gelernt hat, weiß wovon ich rede.

Quellen:

www.nuggets.one/Let's Dance im Vita-Tempel

Julia F. Christensen und Dong-Seon Chang, Tanzen ist die beste Medizin, Hamburg, November 2018

Zumba –
macht's die Mischung?

Bingo! Jawohl! Die Mischung macht's. Nicht nur bei mir. Unter den Diamanten hier in diesem Buch gehöre ich wohl zu den Jüngsten. Was soll's? Es zeigt doch nur, dass es nicht nur die Klassiker sind, die Homo Sapiens zur Verfügung stehen. Ja, es gibt auch Start-Ups, die nicht nur Schulden machen, sondern ganz schnell und ohne große Investition was bringen. Ich werde dir das nun beweisen. Versprochen.

Ein schlauer Kolumbianer dachte in den 90er-Jahren mal kurz nach: Warum soll man zu lateinamerikanischen Rhythmen nur paarweise tanzen? Und es gibt so viele Singles! Gedacht, getan. Er kreierte aus Latinotanzbewegungen und zeitgemäßen Fitness-Übungen einen interessanten Mix. Und das zu lateinamerikanischen Hits. ZUMBA war geboren. Das tolle an mir ist, dass jede/r sofort mit machen kann. Und nicht nur das: Im Vergleich zu „Spinning", durchaus auch würdig in die Hall of Frames der Diamanten aufgenommen zu werden, gibt es bei mir keine BUMM BUMM Beats. Die Bewegungen passen sich der Musik an. Mal schneller, mal langsamer, immer im Rhythmus der Musik.

Wenn Du auch nur einmal an einer Zumba-Session teilgenommen hast, wirst Du mir zustimmen, dass ich weitaus mehr als nur Tanzen bin. Ich sehe mich als Ganzkörper-Fitness-Programm par Excellence, schule die Koordination, stärke die Muskulatur und trainiere die Ausdauer. Was will Homo Sapiens mehr? Ach so, wenn Du die Trainingsstunde voll durch ziehst, hast Du so an die 400 Kalorien verbrannt. Stark was? Jetzt aber bitte nicht euphorisch werden und sofort abheben! Du weißt, es gibt nichts Gutes ...

Wenn Du dich also in deinen Sport-Sneakers wohler fühlst als in hochglänzenden Tanzschuhen, dann bist Du hier bei mir absolut richtig. Vergiss Jackett, Kleidchen oder Ball-Dressing. Pass dein Outfit einfach deinem momentanen Wohlfühlstatus an – und los geht es.

Dass ich es nicht vergesse: „Zumba ist der eingetragene Markenname für ein Fitness-Konzept, das vom Tänzer und Choreografen Alberto „Beto" Perez in Kolumbien in den 1990er Jahren kreiert wurde. ... Der Name Zumba ist ein weltweit registriertes Warenzeichen der Zumba Fitness, LLC."

Quelle: www.wikipedia.de/Zumba

Zu guter Letzt –
Diamonds forever?

Das Prinzip der **Eigenverantwortung** gilt natürlich auch **für die Nutzung sämtlicher Inhalte** dieses Buches. Es sind ausschließlich persönliche Erfahrungen und erworbenes Wissen von mir, die keinerlei Allgemeingültigkeit oder letzte Wahrheit für sich beanspruchen. Und, meine Tipps und Schlussfolgerungen können nie im Ernstfall den Rat des Fachmannes, ob Arzt, Apotheker oder eines anderen Gesundheitsprofis ersetzen.

Bei den in diesem Buch genannten Websites und Literaturquellen handelt es sich um Angebote Dritter, für deren Inhalte die jeweiligen Autoren beziehungsweise Betreiber/Anbieter verantwortlich sind. Ich habe hierauf keinerlei Einfluss und kann für die Inhalte keine Gewähr übernehmen. Ich habe die Seiten vor der Aufnahme geprüft und konnte dabei keine rechtswidrigen Inhalte erkennen. Inhalte können aber im Nachhinein ohne meine Kenntnis geändert worden sein.

Das Leben läuft weiter. Ich wünsche Allen viele, viele Flows, Höhenflüge, Glücksmomente - bis zum letzten Tick.

Werner Leippold

Literaturverzeichnis

Achilles, Armin, Achilles'Verse - Mein Leben als Läufer, Hamburg 2008

Bauer, Joachim, Das Gedächtnis des Körpers – wie Beziehungen und Lebensstile unsere Gene steuern, München 2012

Biohacking Academy, CDL für Anfänger, 2018

Brinkmann / Napolski, Ischiasbeschwerden und das Piriformis-Syndrom, 5. Auflage 2019, Riva Verlag

Carreyrou, John, Bad Blood, Deutsch von Karlheinz Dürr, DVA, 4/2019

Christensen / Chang, Tanzen ist die beste Medizin, Hamburg, November 2018

Der Privatarzt, 2/2019

DER SPIEGEL Nr. 26 vom 22.06.19, „Schwelbrand im Gehirn"

DER SPIEGEL, Nr. 27 vom 29.06.19, Iss gut jetzt!

DER SPIEGEL Nr. 28 vom 06.07.2019, Ökologin Aurora Torres, Ich habe miterlebt, wie ein ganzer Strand verschwunden ist

Dürr, Hans-Peter, Warum es ums Ganze geht, München 2010

Enders, Giulia, Darm mit Charm - Alles über ein unterschätztes Organ, Berlin 2015

Gröber Uwe und Kisters Klaus, Alpha Liponsäure, 2017.

Gröber Uwe, Mikro-Nährstoff-Beratung: Ein Arbeitsbuch, 2018

Grundl, Boris, Mach mich glücklich - Wie Sie das bekommen, was jeder haben will, Berlin 2014

Haetzel, Klaus, Wege auf Wasser und Feuer - Vom Krebspatienten zum Ultraman, Leipzig 2016

Halle, Martin, Prof. Dr. med., Endlich fit – Schritt für Schritt – das 10-Wochen-Programm, München 2014

Huber Johannes, Der holistische Mensch: Wir sind mehr als die Summe unserer Organe, Oktober 2017

Kalcker, Andreas, CDS/MMS; Heilung ist möglich: 2014

Leippold, Werner, „Die Uhr tickt", 2018, ISBN: 9783743194168.

Löffler, Bernd-Michael, Sie leiden an einer „stillen" Entzündung, November 2015.

Lueger, Jürgen, Glauben Sie noch an den Weihnachtsmann? Das Handbuch für mehr Wohlbefinden und Gesundheit, Dezember 2015

Moschinski / Thein, Lebbe geht weider: Das Leben des Dragoslav Stepanović, 2013

Nature Communications, 2018, Erlangen, DOI: 10.1038/s41467-017-02490-4.

Opdenhövel / Younossi, Pilates für Männer: "Alles, nur kein Pillepalle." Muskelaufbau, Stabilität, Prävention, September 2018

OM & Ernährung Nr. 166 F 26, 2019

Pearson, Helen, The Life Project: The Extraordinary Story of Our Ordinary Lives." Allen Lane, London 2016

Pert Candace B. / Kober Hainer, Moleküle der Gefühle: Körper, Geist und Emotionen, November 2001

Pigliucci / Kiesow: Die Weisheit der Stoiker: Ein philosophischer Leitfaden für stürmische Zeiten, Oktober 2017

PSYCHOLOGIE, Heft Juli/August 2019, Peggy van der Lee, Schnell wütend?

Ricard, Matthieu, Glück, München 2009

Rheinpfalz Zeitung vom 17.06.2018

S.A. Health Institute, CBD-DMSO-CDL, Das Premium Praxisbuch für Ihre Gesundheit, 2019

Schmid, Wilhelm, Gelassenheit - Was wir gewinnen, wenn wir älter werden, Berlin 2014

Strunz / Jopp, Topfit mit Vitaminen', ISBN 978-3-423-34313-8

Strunz, Ulrich, Dr. med., Der Schlüssel zur Gesundheit – Erfahrungen und Überzeugungen eines passionierten Arztes, München 2016

Strunz, Ulrich, Dr. med., Der Gen-Code, systemed Verlag, Lünen 2013

Strunz, Ulrich, Dr. med., Das Muskelbuch, GU Verlag, 5. Auflage, 2005.

Strunz, Ulrich, Dr. med., Das Geheimnis der Gesundheit, München 2010

Strunz, Ulrich, Dr. med. Schlaf Gut Buch, Heyne Verlag, 2018

Tausch, Reinhard: Verzeihen, die doppelte Wohltat. In: Psychologie heute, April 1993, S. 20–26.

Turner, Katherine, in STRAVA Geschichten, 21. Dezember 2018

Volz Ulrich, Elemente der Gesundheit, 2012, Eigenverlag der Ulrich Volz GmbH

Ware, Bronnie, Leben ohne Reue, 52 Impulse, die uns daran erinnern, was wirklich wichtig ist, München 2014

Wessinghage, Thomas, in Gesund und fit, Juli 2019

Würrer, Klaus, Prophylaxe und Therapie durch artgerechte Ernährung, Ortenburg 2015

www.

www.aesirsports.de, Aminosäure Leucin als Fettburner?

www.alouhuna.de, Ho'oponopono und die 4 Sätze – das Dr. Len Mantra verstehen

www.ärztezeitung.de

www.bibleserver.com/jesaja 40,31

www.careshop360.de/Amino-Screen Bluttest

www.deutsche-apotheker-zeitung.de/Vitamin K2 – das neue Wundervitamin

www.dge.de/jod

www.drdotzauer.de

www.five-konzept.de

www.focus-arztsuche.de, Myokine – die Heilkraft der Muskeln

www.forumvita.de

www.foryouehealth.de

www.greif.de

www.healthtribune.eu

www.karlallmer.com/15 stoische Zitate

www.milon.com

www.narayanjot.com/Was ist ein Mantra?

www.nuggets.one

www.omegametrix.eu/HS-omega-3-index

www.paracelsus.de, Zeitgemäße Labordiagnostik, in Paracelsus Magazin, 2/2016

www.rtl.de/Lets Dance 2019

www.spiegel.de/Ist Übergewicht eine Krankheit? Vom 24.07.19, Verfasserin Nina Weber

www.strunz.com/news

www.sueddeutsche.de/.../bildungsstudien-in-deutschland-pisa-iglu-timss-1.15475...11.12.2012 - Pisa, Iglu, Timss

www.tisso.de/2. Deutscher Jod Kongress

www.ugb.de, Was ist und wozu dient der Omega-3-Index?

www.wikipedia.de/immunsystem

www.verbraucherzentrale.de/antioxydantien-helfer-gegen-freie-radikale

www.vitamin-ratgeber.com, L-Tyrosin

www.wikipedia.de

www. zitatezumnachdenken.com/albert-einstein

Weitere Veröffentlichungen des Autors:

Träume leben – Spirit of B.C., BoD-Verlag, 2018, ISBN 9 783748 199182

Stimmen aus Südafrika, BoD-Verlag, 2018, ISBN 9 783748 149170

Die Uhr tickt – wenn nicht jetzt wann dann? BoD-Verlag 2017, ISBN 9 783743 194168

Der Verrückte, der wieder laufen lernte – burn-in, burn-out, burn-on, burn-for, BoD-Verlag, 2016, ISBN 9 783734 730849

Das Germanische Quartett, 2014, ISBN 9 783956 300950

Das Leben ist (k)ein Wunschkonzert, Teil 3, Paul, der geerdete Elch 2013 ISBN 9 783862 799619

Das Leben ist (k)ein Wunschkonzert, Teil 2, Paul, der gestrandete Elch 2013 ISBN 9 783862 797592

Das Leben ist (k)ein Wunschkonzert, Teil 1, Paul, der gehörnte Elch 2012 ISBN 9 783862 796762